马克思经典著作解读

主　　编　闫　玉

副　主　编　孔德生　王雪军

本册作者　王明智

 中华工商联合出版社

图书在版编目（CIP）数据

马克思经典著作解读 / 王明智编著. --北京：中华工商联合出版社，2014.3

（马列主义知识读本）

ISBN 978-7-5158-0855-0

Ⅰ.①马… Ⅱ.①王… Ⅲ.①马列著作研究 Ⅳ.①A85

中国版本图书馆 CIP 数据核字（2014）第 036006 号

马克思经典著作解读

作　　者：	王明智
出 品 人：	徐　潜
策划编辑：	魏鸿鸣
责任编辑：	侯景华
封面设计：	徐　超
责任审读：	郭敬梅
责任印制：	迈致红
出版发行：	中华工商联合出版社有限责任公司
印　　刷：	固安县云鼎印刷有限公司
版　　次：	2014 年 4 月第 1 版
印　　次：	2021 年 10 月第 2 次印刷
开　　本：	155mm×220mm　1/16
字　　数：	93 千字
印　　张：	11
书　　号：	ISBN 978-7-5158-0855-0
定　　价：	38.00 元

服务热线：010－58301130

销售热线：010－58302813

地址邮编：北京市西城区西环广场 A 座 19－20 层，100044

http://www.chgslcbs.cn

E-mail：cicap1202@sina.com（营销中心）

E-mail：gslzbs@sina.com（总编室）

目 录 *Contents*

《德谟克利特的自然哲学和
伊壁鸠鲁的自然哲学的差别》

　　全文约 6.2 万字。马克思写于 1840 年下半年至 1841 年 3 月，经过删节首次发表于《卡尔·马克思、弗里德里希·恩格斯及斐迪南·拉萨尔的遗著》1902 年斯图加特版第 1 卷；第一次全文发表于《马克思恩格斯全集》1927 年国际版第 1 部分第 1 卷第 1 分册。这是马克思的博士论文。

　　1839 年，马克思计划对古希腊罗马哲学史进行一番全面的研究，并在这一过程中写成了预备性的 7 本《关于伊壁鸠鲁哲学的笔记》。在此基础上，马克思写成此文，并把它作为应考哲学博士学位的论文寄给了耶拿大学哲学系。在这篇论文中，马克思详细阐述了德谟克利特的自然哲学和伊壁鸠鲁的自然哲学之间的一般差别和细节上的差别，高度赞扬了伊壁鸠鲁的关于原子脱离直线而运动的偏斜学说。马克思认为，德谟克利特的自然哲学和伊壁鸠鲁的自然哲学的重要差别在于：前者只承认原子有两种运动，即直线下垂运动和原子的冲击；而后者除了肯定这两种运动之外，还肯定了原子脱离直线的偏斜运动。这样一来，前者只指出了原子的物质性，而后者不仅看到了原子的物质性，而且还揭示了原子的独立性和能动性。此时，马克思的思想基本上还是站在黑格尔客观唯心主义的立场上，否认世界的本原是物质的，而认为世界的本原是包含着物质的精神。但是，另一方面，马克思与黑格尔又有很大的不同，他已开始由唯心主义向唯物主义转化，彻底反对宗教，表明了鲜明的无神论思想。他写道："哲学，只要它还有一滴血在它那个要征服世界的、绝对自由的心脏里跳动着，它就将永远用伊壁鸠鲁的话向它的反对者宣称：'渎神的并不是那抛弃众人所崇拜的众神的人，而是同意众人关于众神的意见的人'……普罗米修斯承认道：老实说，'我痛恨所有的神'。"并且，"在这个意义上，对神的存在的一切证明都是对神不存在的证明，都是对一切关于神的观念的驳斥"。

在博士论文中，马克思强调了哲学同现实世界相统一的原则，认为"哲学的体系同世界的关系就是一种反映的关系……世界的哲学化同时也就是哲学的世界化"。哲学与现实生活相互作用，并使二者共同得到改造，最初地回答了理论和实践的关系的问题。马克思彻底的无神论思想和哲学应积极对待现实世界的主张，为马克思后来彻底克服唯心主义奠定了基础。

博士论文还表明了马克思追求人的自由，反对一切宗教束缚、压迫和奴役的愿望，为他以后建立消除压迫和奴役的新世界的革命思想作了最初的准备。

——《马克思恩格斯全集》第 40 卷

人民出版社 1956 年～1985 年版，

第 183 页～285 页

《黑格尔法哲学批判》

　　全文约 10 万字。1843 年夏天，马克思写于克鲁茨纳赫。马克思生前一直没有发表这篇文章，直到 1927 年苏共中央马克思列宁主义研究院才将该文发表。这部手稿的中心问题是国家问题，是对黑格尔《法哲学原理》第 261 节～313 节所做的评注和分析。这些节是该书阐述国家问题的一章中的一部分。

　　马克思在《莱茵报》工作期间，遇到了许多带有根本性的经济和政治问题，其中最关键的是对国家的看法。以前马克思基本上以黑格尔的唯心主义观点来看待国家，但是，这些看法与他所接触到的客观现实是矛盾的。为了解决这些疑问，马克思阅读了有关法国、英国、德国的历史著作并研究了早期资产阶级思想家和法国启蒙主义者的政治理论著作，写下了《黑格尔法哲学批判》这部著作，对于解决他在《莱茵报》工作期间遇到的实际和理论问题进行了第一次尝试。

在著作中，马克思分析了王权、行政权、立法权的问题，君主制和民主制、君主主权和人民主权的矛盾问题。指出黑格尔"在任何地方都把理念当作主体，而把真正的现实的主体……变成了谓语"。黑格尔在《法哲学原理》一书中认为作为伦理理念发展的三个阶段：家庭、市民社会、国家像其他一切发展一样是一个正、反、合的过程。他一方面认为，家庭和市民社会先于国家，国家是二者的综合。另一方面却又认为这只是一种现象，是三者之间的经验关系。而真正本质的关系则是家庭和市民社会并没有独立性，它们是国家的概念领域，是国家的有限性领域，因而从私人利益占统治地位的家庭和市民社会向构成普遍利益的国家的转变，是基于绝对观念的发展。这样黑格尔就颠倒地理解了他所说的私人利益体系（家庭和市民社会）和普遍利益体系（国家）的关系：是国家决定市民社会而不是市民社会决定国家。马克思则批判了黑格尔的这种头足倒置的观点，指出："家庭和市民社会是国家的前提。政治国家如果没有家庭的天然基础和市民社会的人为基础就不可能存在。"是家庭、市民社会决定国家而不是相反。

马克思在总结自己在这个时期的思想时说：我的研究得出这样一个结果：法的关系正像国家的形式一样，既不能从它们本身来理解，也不能从人类精神的一般发展来理解，相反，它们根源于物质的生活关系。这种物质的生活关系的总和，黑格尔按照 18 世纪的英国人和法国人的先例，称之为"市民社会"（《马克思恩格斯全集》第 13 卷第 8 页）。恩格斯在《卡尔·马克思》一文中谈到马克思在分析、批判黑格尔的观点之后所得的结论时说："马克思从黑格尔的法哲学出发，结果得出这样一种见解：要获得理解人类历史发展过程的钥匙，不应当到被黑格尔描绘成'整个大厦的栋梁'的国家中去寻找，而应当到黑格尔所轻蔑的'市民社会'中去寻找"（《马克思恩格斯全集》第 16 卷第 409 页）。

——《马克思恩格斯全集》第 1 卷

人民出版社 1956 年～1985 年版，

第 245 页～404 页

《〈德法年鉴〉大纲方案》

　　全文约 240 字。马克思写于 1843 年 8 月～9 月，第一次发表于《马克思恩格斯全集》1975 年莫斯科英文版第 3 卷。

　　1843 年初春，马克思打算与青年黑格尔分子、被政府查封的《德国年鉴》的编辑阿尔诺德·卢格一起共同创办一份新杂志，以作为德国和法国民主主义者的刊物。马克思在 1843 年 3 月 13 日给卢格的信（见《马克思恩格斯全集》第 27 卷第 440 页～443 页）中与卢格商谈了此事。1843 年 3 月 31 日，《莱茵报》被查封，5 月底，马克思到德勒斯顿会见卢格商谈此事。在商谈过程中，马克思和卢格对未来杂志的方针问题产生了分歧。卢格试图将杂志办成在社会政治科学领域（首先是法国的）和哲学领域（主要是德国的）内交流思想的工具。马克思则力求将杂志的方针与反对德国封建主义的革命斗争紧密联系起来，使杂志成为改造现存世界的思想武器。

马克思的这种更激进、更具有战斗性的愿望在《德法年鉴》大纲方案中也得到了反映。这个方案是马克思于 1843 年 8 月收到卢格用法文和德文抄写的《德法年鉴》大纲后起草的。在这个方案中，马克思指出新杂志的方针是，论述"具有有益的或危险的影响的人物和制度，以及目前大众所注意的政治问题"，"对报纸进行述评"，"评介旧制度下德国（目前正走向崩溃和毁灭）的书刊和其他出版物。最后，还将评介两国的那些开辟并继续推进我们正在跨入的新时代的书籍"。

——《马克思恩格斯全集》第 40 卷
人民出版社 1956 年～1985 年版，
第 370 页

《詹姆斯·穆勒〈政治经济学原理〉一书摘要》

全文约 3 万字。马克思用德文写在 1843 年 10 月至 1845 年 1 月底所作的九本经济学札记中的第四本和第五本上，是马克思在巴黎研读许多经济学家的著作时所作的大量笔记之一，第一次发表于《马克思恩格斯全集》1932 年国际版第 1 部分第 3 卷。

在摘要中，马克思对李嘉图学派的批评已经和以前大不相同，他主要不是批评他们的劳动价值论是抽象的、不实际的，而是批判他们没有指出价值由生产费用决定的这一规律只有在不断的变动中才能实现。马克思强调说，如果认为生产费用决定价值是永恒的规律的话，那么生产费用与价值的不相适合不存在必然的比例，同样也是永恒的规律。这表明马克思已感觉到李嘉图的理论与资本主义的现实之间的矛盾，感觉到在私有制条件下，价值只有在价格围绕其波动中才能实现，开始向肯定劳动价值论过渡。在评注中，马克思虽然遵循着恩格斯关于价值的认识，说价值"取决于生产费用同需求（竞争）和供给的关系，取决于生产费用同其他商品的数量或竞争的关系"，认为"物的真实的价值仍然是它的交换价值"。但是，马克思的思想认识不仅仅如此，由于他把异化概念用来研究资本主义社会的经济现象，从而使他对价值问题的研究从流通领域转向生产领域。与只关心价值量问题的资产阶级古典经济学家不同，马克思已从对价值量的研究转向对价值质的研究，认为私有财产的"作为价值的存在是它自身的一种不同于它的直接存在的、外在于它的特殊本质的、外化的规定；只不过是某种相对的存在"。已接近了对价值本质的认识。

在摘要中，尽管马克思的经济学观点还处在形成的最初阶段，但是他对资产阶级经济学已经采取鲜明的分析批判立场，他深入地探讨了生产资料私有制的存在对生产劳动的影响，指出它使得劳动变成了谋生的手段，并且在商品生产劳动的条件下，生产是私人的生产，而不是人为了作为人而进行的生产，即还不是为社会而进行的生产。所以人们的劳动首先是私人劳动，而不是直接的社会劳动。但是，在商品生产条件下，生产者之间又存在着密切联系，不同的商品生产者作为人对他们对方的产品有一种属从的关系，即他们彼此都需要对方的产品。这表明商品生产劳动又具有社会性。这样就使马克思接近了揭示出商品中所包含的私人劳动和社会劳动之间的矛盾关系。

在摘要中，马克思用异化这个范畴来考察分析货币的本质和职能，"货币的本质，首先不在于财产通过它转让，而在于人的产品赖以互相补充的中介活动或中介运动，人的、社会的行动异化了并成为在人之外的物质东西的属性，成为货币的属性"。也就是说，人与人通过其本质而发生的社会联系，变成了通过货币而进行的异化关系，人的活动变成了货币的活动。马克思指出，在货币中，表现出异化的物对人的全面统治，过去表现为个人对个人统治的东西，现在则是物对个人、产品对生产者的普遍统治，这表明马克思已经开始表述他在《1844年经济学哲学手稿》中比较系统地阐述的异化理论的个别原理，这些观点按其内容来说，与手稿相衔接。

——《马克思恩格斯全集》第 42 卷

人民出版社 1956 年～1985 年版，

第 5 页～42 页

《神圣家族，或对批判的批判所做的批判。驳布鲁诺·鲍威尔及其伙伴》

　　全文约 16 万字。马克思和恩格斯合写于 1844 年 9 月至 11 月，1845 年在德国莱茵河畔法兰克福以单行本出版。该书是一部对以布鲁诺·鲍威尔为代表的青年黑格尔派进行批判的论战性著作。

　　当时以布鲁诺·鲍威尔为首的青年黑格尔派，已经抛弃了初期关于社会进步和社会民主的观念而向主观主义和无政府主义蜕变。1843 年 12 月至 1844 年 10 月，他们在沙洛顿堡发行《文学总汇报》，鼓吹自我意识的唯心主义哲学，污蔑群众反对共产主义思潮。他们已经完全背离了黑格尔的客观唯心主义，用普遍自我意识作为主体来取代黑格尔的包含着具体丰富的历史内容的绝对精神，把一切事物都看作自我意识的产物，是自我意识的不完善的表现形式，都必须用批判予以否定。他们认为群众是精神的敌人，任何对精神问题的探讨和解决，一旦与漠不关心的群众相联系，就必然遭到失败；群众是社会的祸害，任何鼓舞群众的事业都是毫无意义的。他们既反对把社会改革的希望寄托于资产阶级政治激进主义，又严厉地批判把社会变革寄托于人民群众的共产主义；认为无论政治激进主义还是共产主义，都是自我意识的不完善的表现形式。只有他们所从事的自我意识的抽象思辨才是推动历史发展并创造出新世界的动力。

为了批驳青年黑格尔派的反动思想，帮助广大群众识破思辨哲学的幻想，马克思和恩格斯针对《文学总汇报》前 11 期的材料写了这部论战性著作，这也是马克思和恩格斯开始合作后的第一个成果。

马克思和恩格斯站在唯物主义立场上，批判了青年黑格尔派的唯心主义哲学。指出，"人并没有创造物质本身。甚至人创造物质的这种或那种能力，也只是在物质本身预先存在的条件下才能进行"。不管他们怎样否认存在和思维之间的差别、怎样夸大自我意识的作用，客观世界依然是不依赖于意识而独立存在的。"他的每一种感觉都迫使他相信世界和他以外其他人的存在，甚至他那世俗的胃也每天都在提醒他在他以外的世界并不是空虚的，而真正是把他灌饱的东西。"

以批判青年黑格尔派的自我意识为契机，马克思和恩格斯还对以黑格尔为代表的德国唯心主义思辨哲学进行了清算。因为"批判的批判"（即《文学总汇报》的批判）的理论的秘密，"就是思辨的黑格尔结构的秘密"。在黑格尔的哲学体系中，黑格尔用绝对精神来代替现实中的事物，认为纷繁复杂的物质世界只不过是绝对精神的特殊表现形式，纷繁复杂的人类现实，"只是自我意识的特定形式，只是自我意识的规定性"。马克思批判了黑格尔哲学把现实的人变成了自我意识的人，就"把现实世界头足倒置起来。因此，他也就能够在头脑中消灭一切界限"。

　　马克思用具体的果实与"果实"这一概念之间的关系揭穿了黑格尔的思辨哲学，即"批判的批判"的理论的秘密。马克思指出："水果"这一概念是从现实的苹果、梨、草莓、扁桃等具体的事物中抽象出来的，它寓于具体的苹果、梨、草莓当中。可是在思辨的哲学家看来，"果实"这一概念却独立存在于具体事物之外，变成了一个独立的、外在的"实体"，而现实的梨、苹果、扁桃等只不过是"果实"这一概念的存在形式、样态。马克思指出，"这种了解方式就是黑格尔方法的基本特征"。

　　马克思进一步解剖了黑格尔的哲学渊源，指出，"在黑格尔的体系中有三个因素：斯宾诺莎的实体、费希特的自我意识以及前两个因素在黑格尔那里的必然的矛盾的统一，即绝对精神"。而青年黑格尔派的鲍威尔从批判大卫·施特劳斯的《耶稣传》开始，把黑格尔唯心主义思辨中荒谬的东西发展到了极端。施特劳斯以实体因素为出发点，鲍威尔则以自我意识为出发点，"他们两人都就上述两个因素之中的每一个因素在黑格尔那里由于另一个因素的渗入而被歪曲这一点批判了黑格尔"。他们各持黑格尔哲学之一端，片面地加以发展。鲍威尔把黑格尔的普遍自我范畴绝对化，把它变为世界上唯一的，而人类的各种现实关系，不过是自我意识的、必须经过批判加以扬弃的外在形式，历史就是这种对不完善形式的扬弃过程。不仅如此，鲍威尔还否定了黑格尔学说中的实体因素，抛弃了黑格尔关于自我意识同现实世界的作用中发展—主体—客体的辩证思想，将自我意识同现实世界完全割裂开来，把历史发展看作纯粹是自我意识的主观活动，思辨哲学被发展成为赤裸裸的主观唯心主义。可见，"批判的批判"并没有超越黑格尔哲学，而是在他的哲学范畴内将其荒谬内容加以恶性发展，是黑格尔思辨唯心主义荒谬发展的产物。

在批判青年黑格尔派的主观唯心主义的同时，马克思从唯物主义原则出发，批判了他们对法国唯物主义史的歪曲和攻击，科学地评价了近代欧洲唯物主义哲学的发展。马克思指出18世纪的法国启蒙运动，特别是法国唯物主义，不仅是反对现存政治的斗争，同时是反对现存宗教和神学的斗争，而且还是反对 17 世纪的形而上学和反对一切形而上学的公开而鲜明的斗争。马克思认为，在 17 世纪，形而上学还是有其积极意义的、世俗的内容的。它在数学、物理学以及与它有密切联系的其他精密科学方面都有所发现。但是到了 18 世纪以后，实证科学脱离了形而上学，而"正当实在的本质和尘世的事物开始把人们的全部注意力集中到自己身上的时候，形而上学的全部财富只剩下想象的本质和神灵的事物了。形而上学变得枯燥乏味了"。在理论上，形而上学开始受到批判，同时，人们需要一部能够系统地从理论上论证当时的生活和实践的书。英国传统唯物主义的继承者洛克就写出了这样一部书，他在论人类理性起源的著作中，论证了英国唯物主义者培根和霍布斯的原则。唯物主义开始发展起来。法国的孔狄亚克、爱尔维修把洛克的唯物主义运用到社会生活方面，而拉美特利则把英国的唯物主义同笛卡儿哲学结合起来阐明人。马克思认为，法国的唯物主义有两个派别：一派起源于笛卡儿，一派起源于洛克。"笛卡儿的唯物主义成为自然科学的真正财产，而法国唯物主义的另一派则直接成为社会主义和共产主义的财产"。马克思认为，法国唯物主义是法国当时的社会主义和共产主义的理论先导。法国的社会主义者"傅立叶是直接从法国唯物主义的学说出发的。巴贝夫主义者是粗鲁的、不文明的唯物主义者，但是成熟的共产主义也是直接起源于法国唯物主义的"。在英国，边沁根据法国唯物主义者爱尔维修的道德学建立了他那正确理解的利益体系，而欧文则从边沁的体系出发去论证英国的共产主义。法国的卡贝正是受了欧文的影响而成为一个有声望的肤浅的共产主义代表人物。比较有科学根据的法国共产主义者德萨米、盖伊等人，像欧文一样，也把唯物主义学说当作现实的人道主义学说和共产主义的逻辑基础加以发展的。

马克思在批判青年黑格尔派的历史观时，嘲笑说，"一方面是群众，他们是消极的、空虚的、非历史的、物质的因素；另一方面是精神、批判，布鲁诺先生及其伙伴，他们是积极的因素，一切历史行动都是由这种因素产生的。改造社会的事业被归结为批判的批判的大脑活动"。青年黑格尔派在阐述社会历史发展时，完全抛弃了黑格尔历史哲学中丰富具体的内容，认为历史就是精神（自我意识），反对群众（粗糙的物质）的斗争，精神是历史发展的动力。他们宣布，群众是精神的敌人，要完成创造世界历史的活动，神就必须完全同群众决裂。"批判的批判"把历史所进行的现实的斗争归结为观念之间的斗争。马克思和恩格斯批判了青年黑格尔派的唯心主义历史观。马克思指出，"历史活动是群众的事业，随着历史活动的深入，必将是群众队伍的扩大"。而自称为历史的创造者的"批判的批判""什么也没有做，工人才创造一切。甚至就以他们的精神创造来说，也会使得整个批判感到羞愧"。恩格斯分析了社会历史的本质，指出"'历史'并不是把人当做达到自己目的的工具来利用的某种特殊的人格，历史不过是追求着自己的目的人的活动而已"。在批判青年黑格尔派的唯心史观的同时，马克思主义的创始人已经阐明了历史的基本内容是物质生产和社会方式的观点。要正确地认识和研究历史就必须从研究自然科学和工业、研究社会生产方式入手，并指出了历史的真正动因在于物质生产之中。在这里，马克思主义的创始人明确地提出了"生产方式"这个范畴，同时，他们还比以前更为明显地表述了社会存在决定社会意识、社会经济基础决定上层建筑的思想。

马克思在批判鲍威尔歪曲法国资产阶级革命，认为法国革命纯粹是思想冲突，它的失败是由于革命思想没有超出旧秩序的范围的论调时，指出，"思想从来也不能超出旧世界秩序的范围，在任何情况下它都只能超出旧世界秩序的思想范围。思想根本不能实现什么东西。为了实现思想，就要有使用实践力量的人"。他指出，思想原则只不过是阶级利益的观念表达，思想斗争实际上是现实的阶级利益斗争在观念上的表现。马克思认为，只有当思想原则代表了进步阶级的利益时，它才能胜利，而"'思想'，一旦离开'利益'，就一定会使自己出丑"。针对鲍威尔对罗伯斯庇尔和拿破仑失败的肤浅评论，马克思指出，罗伯斯庇尔和拿破仑的失败，并不单纯是由于政治原因而是有其深刻的社会原因的。围绕这一问题，马克思论述了市民生活、市民社会（人们的经济关系）同政治生活和国家之间的关系。指出，"正是自然的必然性、人的特性（不管他们表现为怎样的异化形式）、利益把市民社会的成员彼此连接起来。他们之间的现实的联系不是政治生活，而是市民生活"。"在今天，只有政治的迷信，才会以为国家应当巩固市民生活，而事实上却相反，正是市民生活巩固国家"。在批判鲍威尔关于犹太人解放问题上的观点时，马克思进一步发挥了他在《黑格尔法哲学批判导言》和《论犹太人问题》中的思想，更明显地表达了关于理论与实践、社会物质生活、市民生活与宗教、国家的关系的观点。马克思指出，鲍威尔错误地认识和处理了犹太人问题，他"只了解犹太精神的宗教本质，但不了解这一宗教本质的世俗的现实的基础。他把宗教意识当做某种独立的实质来反对"。所以，他"不是用现实的犹太人去解释犹太教的秘密，而是用犹太教去解释现实的犹太人"，他"把现实的犹太人不是看作日常活动的犹太人，而是看作安息日里伪善的犹太人"。马克思指出，"现实的世俗的犹太精神，因而宗教的犹太精神，是由现今的市民生活所不断地产生出来的，并且在货币制度中得到了高度的发展"。事实上，现代犹太人的生活不能以他们的宗教来解释；相反地，犹太教的生命力只能用虚幻地反映在犹太教中的市民社会的实际基础来解释。因此，犹太人解放为人，神或者人从犹太精神中获得解放，应该理解为"彻头彻尾渗透着犹太精神的现代世界的普遍的实践任务"。"克服犹太本质的任务实际上就是消灭市民社会中犹太精神的任务，消灭现代生活实践中的非人性的任务"。在这里，马克思阐述了社会意识产生于社会经济生活的思想，并且在论述关于犹太人解放问题时阐明了社会问题的解决，并不是单纯思维批判的任务，而本质上是一个实践的任务。

马克思在论述人与物的关系时，还明确指出，"实物是为人的存在，是人的实物存在，同时也就是人为他人的存在，是对他人的人的关系，是人对人的社会关系"。这段话表明，马克思实际上已经揭示了商品的社会性质，它既包含了人的活动，也包含了人与他人的关系。针对埃德加尔·鲍威尔对普鲁东的著作《什么是财产》所做的挑剔性的评注，马克思加以驳斥，对普鲁东做了恰当评价，并阐明了如何认识和解决资本主义矛盾的问题。马克思肯定了普鲁东对资产阶级政治经济学所做的批评，认为普鲁东"对政治经济学的基础即私有制做了批判的考察，而且是第一次带有决定性的、严峻而又科学的考察。这就是普鲁东在科学上完成的巨大进步"。他的著作是"法国无产阶级的科学宣言"。他通过对贫穷和财产之间的内在的社会经济关系的分析，得出了要消灭贫困就必须消灭私有制的结论，成为无产阶级的代言人。但马克思在赞扬普鲁东的同时，也批判了普鲁东的局限性，指出，普鲁东虽然痛恨私有制，认为它是社会不平等和贫困的原因，但他把平均的公平占有当作私有制的合理形式同私有制下的无限占有对立起来，把一切人变成平等占有的小私有者。这样，普鲁东仍然保存了私有制，没从私有制之外找出消灭私有制、根除贫困的有效办法。同普鲁东相比，青年黑格尔以远远低下的思想水平提出了解决办法，认为，只要把"财产"、"贫穷"等社会问题理解为抽象的范畴，然后毫不费力地从观念中加以消除就可以解决问题。马克思指出，"照批判的批判的意见，一切祸害都只在工人们的'思维'中"，"只要他们在思想中消除雇佣劳动的想法，只要他们在思想上不再认为自己是雇佣工人……他们就不再是雇佣工人了"。马克思严厉驳斥了青年黑格尔派的谬论，指出，工人阶级"并不认为用纯粹的思维，即单靠一些议论就可以摆脱自己的主人和自己实际上所处的屈辱地位。他们非常痛苦地感觉到存在和思维、意识和生活之间的差别。他们知道，财产、资本、金钱、雇佣劳动以及诸如此类的东西远不是想象中的幻影，而是自我异化的十分实际、十分具体的产物，因此也必须用实际的和具体的方式来消灭它们，以便使人不仅能在思维中、意识中，而且也能在群众的存在中、生活中真正成其为人"。

关于社会改革的具体的实际方式，并不是像青年黑格尔派所欣赏的法国作家欧仁·苏的小说《巴黎的秘密》中所宣扬的那种道德感化、惩恶扬善和改良的方式。马克思逐一批驳了小说中所鼓吹的惩罚罪犯、由国家教育儿童、组织劳动、建立模范农场和农民银行等改革方案，指出，一切社会罪恶都是私有制社会制度的产物，不能用局部的改良方案来解决。马克思阐述了资本主义的社会问题，指出，在资本主义社会里，"人权并没有使人摆脱财产，而是使人有占有财产的自由；人权并没有使人放弃追求财富的龌龊行为，而只是使人有经营的自由"。神这种自由实际上是人的生活要素——财产、工业、贸易等的异化发展，这种发展造成了对财产的占有和被剥夺的两极对立，即富有和贫穷的对立，这种富有和贫困都是由于私有制而产生的。而"有产阶级和无产阶级同是人的自我异化。但有产阶级在这种自我异化中感到自己是被满足的和被巩固的；它把这种异化看作是自身强大的证明，并在这种异化中获得人的生存的外观。而无产阶级在这种异化中则感到自己是被毁灭的，并在其中看到自己的无力和非人的生存的现实"。"在整个对立的范围内，私有者是保守的方面，无产者是破坏的方面。从前者产生保持对立的行动，从后者产生消灭对立的行动"。马克思在这里通过资本主义社会的对立的分析，已产生了无产阶级是资产阶级的掘墓人的思想。马克思指出，虽然资本主义私有制是在自己的经济运动中将自己推向灭亡的，但是它的灭亡是要有条件的，这就是意识到自己的阶级地位和处境的有觉悟的无产阶级产生及其斗争。他指出，"无产阶级能够而且必须解放自己。但是，如果它不消灭它本身的生活条件，它就不能解放自己。如果它不消灭集中表现在它本身处境中的现代社会的一切违反人性的生活条件，它就不能消灭它本身的生活条件"。无产阶级的这种目的和任务，"已由它自己的生活状况以及现代资产阶级社会的整个结构最明显地无可辩驳地预示出来了"。可见，马克思在论述资本主义制度灭亡的必然的同时，论证了这种必然性是通过有觉悟的无产阶级的形成及其斗争来实现的；从而提出了无产阶级的历史使命的观点。

《神圣家族》一书，是马克思和恩格斯思想发展过程中的一个重要的里程碑。许多辩证唯物主义和历史唯物主义的原理在其中得到阐述。它标志着马克思主义发展史上的一个新阶段。

——《马克思恩格斯全集》第 2 卷

人民出版社 1956 年～1985 年版，

第 3 页～268 页

《评弗里德里希·李斯特的著作〈政治经济学的国民体系〉》

全文约 2.3 万字。马克思用德文写于 1845 年 3 月。此文马克思生前未发表,它是在马克思遗稿中发现的。这篇手稿是马克思为评论德国资产阶级经济家弗·李斯特于 1841 年出版的《政治经济学的国民体系。第 1 卷。国际贸易,贸易政策和德国关税同盟》一书而写的文章的草稿。

李斯特作为德国资产阶级的代言人,为了尽快发展德国资本主义使之达到英法等国的水平,并使它不受外国资本竞争的损害,他赞成保护关税政策,把发展德国资本主义工业说成是发展生产力。当他的书问世时迎合了德国资产阶级的愿望,在德国被大肆宣传,俨然成了在政治经济上推动德国的"福利、文化和力量"的良方。恩格斯在 1844 年 11 月 19 日给马克思的信中提到他打算写一本小册子批判这本书，不过后来他并没有写出这样一本专门评论李斯特的小册子。仅在他的《在爱北斐特的演说》中有一篇演说批判了李斯特把德国资本家对保护关税的渴望变成了体系。但是，恩格斯在给马克思的信中表示过赞同马克思准备批判李斯特的理论观点的计划。马克思的这篇笔记生前未曾发表，保存下来的是不完整的三个片断。马克思在笔记中首先准确地揭示了德国资产阶级及其经济学家李斯特具有的与西欧资产阶级不同的时代特点，指出在德国资产阶级还没有使工业发达起来以前，无产阶级已经存在，并提出自己的要求，开始令资产阶级畏惧。马克思在评论中揭露了李斯特替资产阶级辩护的实质，指出李斯特主张保护关税制度是企图以大谈国家民族利益来掩饰自己对无产阶级的残酷剥削。马克思说："工人的民族性不是法国的，不是英国的，不是德国的民族性，而是劳动、自由的奴隶制，自我售卖"，这是《共产党宣言》中有关"工人没有祖国"，决不能剥夺他们所没有的东西这一论点的萌芽端倪。

在笔记中，马克思科学地评价了英法资产阶级政治经济学，认为经济学是同社会的现实运动联系在一起的，是这种运动在理论上的表现。马克思指出："如果说亚当·斯密是国民经济学的理论出发点，那么它的实际出发点，它的实际学派就是'市民社会'，而对这个社会的各个不同阶段可以在经济学中准确地加以探讨。"马克思在笔记中批判了李斯特把物质财富和交换价值完全等同起来的错误，认为把物质财富变为交换价值是资本主义社会制度的结果，是发达的私有制社会的结果。废除交换价值就是废除私有制和私有财产。马克思进而指出："劳动是私有财产活生生的基础，作为创造私有财产的源泉的私有财产。"所以，在资本主义制度下，劳动"按其本质来说，是非自由的、非人的、非社会的，被私有财产所决定的并且创造私有财产的活动。因此，废除私有财产只有被理解为废除'劳动'的时候，才能成为现实"。这样，对资本主义社会经济关系的分析从以私有财产为对象转到以劳动为对象，这种思想开始接近剩余价值理论。因此剩余价值理论正是从分析资本主义劳动直接得出的。

在笔记中，马克思批判了李斯特的所谓"生产力"理论，第一次阐明了历史唯物主义的生产力概念，他写道："为了破除美化'生产力'的神秘灵光，只要翻一下任何一本统计材料就够了。那里谈到水力、蒸汽力、人力、马力。所有这些都是'生产力'。"马克思认为，推动人类社会进行物质财富生产的力量不是某种心灵的或意识的东西，而恰恰就是自然界和人体的物质活动的力量本身。是物质生产力，包括人的力量以及人所使用的自然的力量和动物的力量。但是马克思并没有因此而把人的力量同自然的、机器的和牲畜的力量混为一谈，他指出，人是生产力的主体，而资本主义社会制度把人变成了"物"，"整个人类社会只是成为创造财富的机器"。

在笔记中，马克思剖析了资本主义工业的双重含义：(1)在不考察工业的资本主义性质的前提下的工业是社会生产力，工业可以被看作是大作坊，在这里人第一次占有他自己的和自然的力量，使自己对象化，为自己创造人的生活的条件。(2)从肮脏的买卖利益来看，工业就是资本主义的生产关系。马克思进一步阐述了作为人类社会生产力的工业和作为资本主义生产关系的工业之间的关系，认为工业在其发展中违反自己的意志而无意识地创造了生产力，今天这种力量仍然是资产者的奴隶，资产者把它们看作是实现他的自私的利润欲的工具，明天，它们将砸碎自身的锁链，表明自己是人类发展的承担者。这就揭示了历史发展的真正动力，并且开始形成马克思关于社会经济结构理论的初步思想，成了科学地认识社会历史的关节点。

——《马克思恩格斯全集》第 42 卷

人民出版社 1956 年～1985 年版，

第 239 页～271 页

《1844 年经济学哲学手稿》

　　全文约 10 万字。马克思约在 1844 年 4～8 月用德文写于巴黎，因而又称《巴黎手稿》，是马克思曾经打算撰写的《政治和政治经济学批判》一书的草稿。手稿由三个未完成的部分组成，在马克思生前没有出版。1927 年达·波·梁赞诺夫把手稿的第 3 部分以《〈神圣家族〉准备材料》为标题首次发表于俄文版《马克思恩格斯文库》第 3 卷中，1932 年第一次全文发表在《马克思恩格斯全集》国际版第 1 部分第 3 卷，标题为《1844 年经济学—哲学手稿。政治经济学批判，附论黑格尔哲学的最后一章》。

　　马克思在《莱茵报》工作时期，作为《莱茵报》的主编，第一次遇到要对所谓物质利益发表意见的难事，这是促使他研究政治经济学的最初动因。1843 年 3 月《莱茵报》被查封，马克思离开《莱茵报》，着手批判黑格尔的法哲学。通过这个批判，马克思认识到，法的关系正像国家的形式一样，既不能从它们本身来理解，也不能从所谓人类精神的一般发展来理解，相反，它们根源于物质的生活关系，根源于"市民社会"，马克思明确指出："对市民社会的解剖应该到政治经济学中去寻求。"在《德法年鉴》时期，马克思从批判宗教转向批判政治，批判国家和法。通过对国家和法的批判，马克思认识到私有财产的反人道的性质，这就直接导致马克思研究政治经济学。另外，1843 年 10 月马克思到了巴黎，当时的巴黎是欧洲革命的中心，巴黎的无产阶级曾进行多次激烈、尖锐的斗争。马克思移居巴黎后，接触工人运动，研究社会主义著作，特别是恩格斯写的《国民经济学批判大纲》，对马克思产生了极大影响，使他清楚地看到，要想消灭私有财产，实现人类解放，就必须正确认识私有财产，了解它的规律，为此必须研究政治经济学。大约从 1843 年底到 1844 年初，马克思开始阅读布阿吉尔贝尔、弗里德里希·李斯特、詹姆斯·穆勒、大卫·李嘉图、亚当·斯密等人的经济学著作，在一些摘要笔记上写了大量的评注。《1844 年经济学哲学手稿》正是马克思对自己在这一时期进行的政治经济学研究成果所做的一次阶段性的初步总结，成为马克思主义政治经济学的雏形。在手稿中，马克思对资产阶级政治经济学作了批判性的分析，对经济学理论的发展作了唯物主义的解释，把它们的发展看作现实经济关系演变的反映。马克思肯定了亚当·斯密和大卫·李嘉图等资产阶级经济学家的主要历史功绩即把劳动提高为"唯一原则"，揭示了劳动是一切财富的源泉，并探讨了私有财产的各种运动规律，指明了工资和利润之间的反比关系。但是，它们把私有财产当作当然的、不言自明的前提，把私有财产的规律想象为从来如此的、永恒存在的自然规律，这就暴露了资产阶级经济学家为私有制辩护的立场。与资产阶级政治经济学家不同，在手稿中，马克思从无产阶级的立场出发，系统地考察了资本主义社会中的三个基本阶级——无产阶级、资本家和土地所有者的社会生存条件，并把它作为解剖资本主义制度的出发点。马克思第一次从经济上分析了资本主义社会的阶级关系和阶级斗争，他把雇佣劳动、资本和地租理解为决定资本主义社会阶级结构的基础，也是三个阶级之间的本质关系。因此，马克思在手稿中考察了工资、利润和地租，并与此相联系，分析了工人转化为商品、工人阶级的贫困化、利润、资本的积累、竞争以及土地所有者和租地农场主的作用及其相互关系等。在手稿中，马克思对待私有财产的理解已经不再把它看作是某种法律学上的东西，即当作占有、状态或事物看待了，实际上已经开始把私有财产当作一种客观的社会经济关系来分析，而分析这种客观的资本主义经济关系，正是手稿的主要课题，这意味着在手稿中，马克思已经开始把生产关系作为政治经济学的研究对象。同时，马克思吸取了当时德国哲学中广泛使用的异化范畴，把它同私有制经济下的社会制度联系起来，提出异化劳动概念，试图用异化劳动学说来揭示私有财产的本质、起源和发展规律，论证资本主义灭亡和共产主义实现的历史必然性。

马克思在手稿中指出，资产阶级经济学所表述的规律不是劳动的规律，而是异化劳动的规律。他具体考察了劳动在私有制条件下变为异化劳动的表现：（1）人同人的产品相异化；（2）人同人的生产活动相异化；（3）人同人的类本质相异化，即人与自由自觉的活动及其创造的对象世界相异化；（4）人同人相异化。马克思认为异化劳动概念的规定一定要在现实中表现出来，异化借以实现的手段本身就是实践的。可见异化是现实的客观的异化。马克思强调：自我异化的扬弃同自我异化走的是一条道路，而自我异化的扬弃，人的本质的复归是自觉的，保存了以往发展的全部财富的。这表明异化过程乃是一种客观的辩证发展过程：通过异化劳动，工人同劳动的关系生产出资本家同这个劳动的关系，私有财产是异化劳动的产物、结果和必然后果；劳动和资本的这种对立一达到极限，就必然成为全部私有财产关系的顶点、最高阶段和灭亡。异化劳动学说是当时马克思全部思想的基础，马克思正是从异化劳动学说出发，也就是从人的劳动本质的对象化、异化和异化的扬弃出发去说明自然界、人与自然的统一。马克思指出，在人类历史中即在人类社会的产生过程中形成的自然界是人的现实的自然界，因此，通过工业——尽管以异化的形式——形成的自然界，是真正的、人类学的自然界。在手稿中，马克思认为人的感受力和认识也是受异化劳动制约的，忧心忡忡的穷人甚至对最美丽的景色都没有什么感觉；贩卖矿物的商人只看到矿物的商业价值，而看不到矿物的美和特性。一句话，人的感觉、感觉的人性都只是由于它的对象的存在、由于人化的自然才产生出来的，五官感觉的形成是以往全部世界的产物。马克思认为：外部自然的变化是产生客观世界美的根源，人自身的变化则丰富和发展了人的感性、形成了有音乐感的耳朵和能感受形式美的眼睛。马克思指出："动物只是按照它所属的那个种的尺度和需要来建造，而人却懂得按照任何一个种的尺度来进行生产，并且懂得怎样处处都把内在的尺度运用到对象上去；因此，人也按照美的规律来建造。"

在手稿中，马克思从异化劳动出发说明资本主义生产方式产生的历史必然性，揭示了资本主义生产方式再生产的规律和性质在于资本主义再生产不但是物质产品的再生产，而且是资本主义的剥削关系、阶级关系的再生产，是它自身矛盾的再生产。异化劳动一方面不断生产出作为商品的劳动本身和工人，另一方面不断生产出不生产的资本家以及资本家对工人的生产和产品的支配，生产出资本家对工人阶级的奴役关系。"劳动为富人生产了奇迹般的东西，但是为工人生产了赤贫"。马克思认为当有产和无产的对立达到劳动与资本的对立，这时私有财产就处于高度紧张状态，促使矛盾解决，劳动和资本的对立一达到极限就必然向事物的对立面转化，这时共产主义就一定实现。关于共产主义，马克思说，实现其途径或手段是私有财产即人的自我异化的积极的扬弃。马克思明确指出，实现共产主义的主体是人（即通过人），它的目的是为了人，（而不是个别阶级、阶层或集团），它实现的标志是人对自己的本质的真正占有，马克思说，共产主义"是人向自身、向社会的（即人的）人的复归，这种复归是完全的、自觉的而且保存了以往发展的全部财富的"，共产主义的实现就是实践的人道主义的生成。马克思在手稿中开始科学地论述共产主义的同时，对当时严重妨碍革命思想传播的蒲鲁东改良主义和粗陋的共产主义展开了尖锐的批判。马克思指出，"甚至蒲鲁东所要求的工资平等，也只能使今天的工人同他的劳动的关系变成一切人同劳动的关系，这时社会就会理解为抽象的资本家"。马克思在手稿中批判这种粗陋共产主义的本质不过是以普遍的私有财产来反对私有财产，是私有财产所固有的平均化欲望的极端表现。马克思强调指出，它否定文化与文明，否定个性，其结果必然导致向贫穷的、没有需求的人的非自然的简单状况的倒退。

在手稿中，马克思吸取了费尔巴哈哲学的积极成果，从唯物主义的观点出发批判了黑格尔的唯心主义，但同时充分肯定了他的辩证法的巨大意义。在手稿中，马克思对黑格尔的批判分析，不仅涉及他的个别原理和个别著作，而且针对他的整个哲学体系。马克思指出："《精神现象学》是黑格尔哲学的真正诞生地，是理解黑格尔哲学奥秘的关键，它所提供的作为推动原则和创造原则的否定性的辩证法其伟大之处首先在于，黑格尔把人的自我产生看作一个过程，把对象化看作非对象化，看作外化和这种外化的扬弃；黑格尔抓住了劳动的本质，把对象性的人、现实的因而是真正的人理解为自己的劳动的结果。马克思认为，黑格尔视扬弃为把外化收回到自身的、对象性的运动，把非对象化、非现实化看成是对象化和现实化，这表明他看到了自身否定的积极意义，看到了异化是发展的环节，异化的扬弃不是向起点的简单复归，而是人通过消灭对象的异化规定，通过在对象世界的异化存在中扬弃对象世界，现实地占有自己的对象性本质。马克思认为在黑格尔那里，这些思想内容是以抽象的思辨的形式来表述的。因为在黑格尔看来，人只是自我意识，而劳动只是精神劳动，人的异化及其扬弃只是在抽象的自我意识中进行的，"所以整整一部《哲学全书》不过是哲学精神的展开的本质，是哲学精神的自我对象化"。据此，马克思把黑格尔的辩证法称之为"纯思想的辩证法"、"非批判的运动"。在手稿中，马克思对黑格尔哲学的批判分析，运用了自己经济学研究的初步成果，尤其是对黑格尔劳动观的批判，他既肯定了黑格尔劳动观积极的一面——把劳动看作人的本质，理解为人的自我生产的行动，同时指出黑格尔的所谓劳动从根本上说只是抽象的精神劳动，这与国民经济学家只承认作为创造财富的源泉的劳动一样，只看到劳动的积极方面，而看不到劳动的消极方面。

在手稿中，马克思对费尔巴哈哲学的历史功绩进行了充分的评价，指出："费尔巴哈是唯一对黑格尔辩证法采取严肃的、批判的态度的人，只有他在这个领域内作出了真正的发现，总之他真正克服了旧哲学。"不仅仅如此，马克思在手稿中论述的思想，在许多方面已经超过费尔巴哈而接近于历史唯物主义。马克思克服了费尔巴哈哲学的直观性，他把自由自觉的活动即劳动看作人区别于动物的基本特性，从而贯彻了能动性的原则；在人和人的关系上，马克思强调了人的社会性："活动和享受，无论就其内容或就其存在方式来说，都是社会的，是社会的活动和社会的享受。自然界的人的本质只有对社会的人来说才是存在的，个人是社会存在物。"并且马克思初步揭示了资本和劳动的对抗性的社会关系，在一定程度上克服了费尔巴哈的抽象性。马克思把宗教、家庭、国家、法、道德等，看作是生产的一些特殊方式，受到生产的普遍规律的支配，把生产劳动理解为"通过实践创造对象世界，即改造无机界"的活动，从而把生产活动作为社会实践的基本内容。马克思认为，全部人的活动迄今都是劳动，也就是工业，就是自身异化的活动。他指出："工业的历史和工业的已经产生的对象性存在，是一本打开了的关于人的本质力量的书"，只有通过发达的工业，人的激情的本体论本质才能在总体上、合乎人性地实现。马克思断言："关于人的科学本身是人在实践上的自我实现的产物"，这是马克思转向实践的唯物主义哲学历程中的重要认识契机，在手稿中，马克思得出了"整个所谓世界历史不外是人通过人的劳动所诞生的过程"的结论，这实际上说明了社会发展史首先是生产发展史这一重要原理。

在手稿中，马克思所讲的人的本质固然是指生产劳动，从人的本质出发去说明历史，因而也是从生产劳动出发去说明历史。但是这里的生产劳动是以承认人具有其完美本质为前提，是人的完美本质的对象化所引起的，它是一种永恒不变、绝对完美的东西，这实际上是把未来共产主义社会可能出现的人的自由自觉活动的绝对化，在现实中并不存在的、抽象的理想劳动。同时，马克思还没有从生产力和生产关系的矛盾出发，而是从抽象的自由自觉活动出发、以劳动的异化来说明劳动和资本的对立以及资本主义制度产生和发展的历史，把共产主义看作人对人的真正本质的占有，向真正的人的复归等，表明马克思还没有完全摆脱费尔巴哈人本主义思维方式的影响。但是无论如何，本文是马克思第一次试图从唯物主义和共产主义立场出发，对资产阶级政治经济学和资本主义制度及黑格尔辩证法和整个哲学作批判性考察，从而论证共产主义历史必然性的著作手稿，是马克思自觉地创立博大精深的马克思主义科学理论体系的开端和最初尝试。

——《马克思恩格斯全集》第 42 卷

人民出版社 1956 年～1985 年版，

第 43 页～181 页

《德意志意识形态。对费尔巴哈、布·鲍威尔和施蒂纳所代表的现代德国哲学以及各式各样先知所代表的德国社会主义的批判》

全文约 45.6 万字。1845 年~1846 年马克思和恩格斯合写于布鲁塞尔。原文是德文。苏共中央马克思列宁主义研究院于1932 年第一次按手稿、用原文全文出版。1933 年又用俄文出版。

早在 1845 年春天，马克思和恩格斯决定共同制定自己的全新观点，决定合写这部著作，但直到 1845 年 9 月，他们才真正开始写作。这部规模宏大的手稿，共分两卷，第一卷的主要内容是全面批判费尔巴哈、鲍威尔、施蒂纳的哲学观点，阐述历史唯物主义的基本原理。第二卷的内容是对形形色色的"真正的社会主义"的代表展开批判。到 1846 年，全书的写作已基本结束。第一卷的大部分，即批判鲍威尔、施蒂纳的观点的各章（"莱比锡宗教会议"）和第二卷的大部分都已经脱稿，只有第一卷的第一部分即对费尔巴哈哲学的批判的写作，在1846年下半年还在继续，而且也没有完成。1846年5月，约·魏德迈从布鲁塞尔把第一卷手稿的主要部分带到威斯特伐里亚，打算请身为企业家的"真正的社会主义者"尤·迈耶尔和鲁·雷姆佩尔在那里出版。但当第二卷手稿的大部分在1846年7月寄到威斯特伐里亚以后，这些出版商便拒绝出版这部著作。从1846年～1847年马克思和恩格斯曾多次为自己的著作寻找出版商。但遭警察署方面的阻挠和作为"真正的社会主义者"的同情者的出版商的拒绝，这部著作终于没有全文版。

在马克思、恩格斯生前，这部巨著仅有第二卷的第四章刊登在《威斯特伐里亚汽船》杂志1847年8月号和9月号上。马克思、恩格斯手稿中没有写明这部著作的标题和第一卷、第二卷的题目。

现有的题目和标题是后来的出版者根据马克思的论文《驳卡尔·格律恩》中的提示加上去的。有关"费尔巴哈"部分的标题和材料安排，是根据马克思、恩格斯手稿边上的批注，按照它的内容本身安排的。"圣麦克斯"由两部分组成，它们分别是："1. 唯一者及其所有物"、"2. 辩护性的评注"。这一章的材料安排完全按马克思和恩格斯在本章开始部分所写的提示以及它本身的内容组织的。在现存的手稿中，没有第二卷的第二章和第三章。手稿有些字句已经残缺，编辑作了必要的增补和注释，并作了相应的说明。

1845 年春，马克思和恩格斯在布鲁塞尔再次会面，当时马克思已经大体完成了发挥他的唯物主义历史理论的工作并且他们面临着新的斗争任务。西欧工人运动蓬勃兴起，各国相继出现了工人团体和共产主义组织。然而这些组织在各种资产阶级和小资产阶级社会主义思潮的严重影响之下，清除各种资产阶级意识形态对工人阶级的有害影响，用科学的世界观武装他们的头脑，越来越显得十分重要。因此，马克思、恩格斯在参加革命斗争的同时，更深入地展开理论的批判和创造工作。《德意志意识形态》就是这种革命实践和理论批判的结晶。

在《德意志意识形态》中，马克思、恩格斯批判了费尔巴哈的直观唯物主义及其唯心史观；清算了青年黑格尔派的思辨唯心主义；批判了各种"真正的社会主义"，并系统地论证了历史唯物主义的一系列重要原理。《德意志意识形态》围绕着哲学和现实、社会意识和社会存在的关系问题展开全书的批判和创建工作。德在批判青年黑格尔派的唯心主义历史观时，马克思、恩格斯指出，这些哲学家没有一个想到要提出关于德国哲学和德国现实之间的联系问题，关于他们所作的批判和他们自身的物质环境之间的联系问题。鲍威尔、施蒂纳等青年黑格尔派，过分夸大"自我意识"的作用，把它当成创造一切的决定性力量，当成历史发展的真正动力，他们的要害是完全颠倒了社会存在和社会意识的关系。费尔巴哈则从单个人，抽象的人出发，将抽象的"爱和友情"当作历史发展的真正动力。马克思、恩格斯批判了他们的错误观点，揭示了历史发展的真正秘密。他们认为历史研究当然是以人为对象的，因为有生命的、活生生的个人的存在是人类社会存在、发展的前提。但是，人并不像费尔巴哈所想象的那样是单个的、仅有生物特性的孤立个体，或是一个理智设想的抽象的、无声无息的"类"，而是现实的，从事物质生产活动的个人，他的根本特性在于他的社会性。马克思、恩格斯考察了人的社会生活的整个过程，指出，"我们开始要谈的前提并不是任意想出来的，它们不是教条，而是一些只有在想象中才能加以抛开的现实的前提。这是一些现实的个人，是他们的活动和他们的物质生活条件，包括他们得到的现成的和由他们自己的活动所创造出来的物质生活条件"。现实的人的现实的活动，现实的人的具体的物质生活条件决定了历史发展的根本趋向，是历史发展的真正动力。因此，马克思、恩格斯认为人们的物质生活条件是历史研究——同时也是其他意识形态方面的研究——的前提和出发点。和以前局限于用意识说明意识的方法相反，马克思、恩格斯找到了人们的现实活动以及由此形成的整个物质生活条件并以此为出发点去说明意识现象的根源。这是一个具有伟大革命意义的转变。

为了揭示物质生活条件和思想的关系，马克思、恩格斯研究了物质生活条件的内涵指出，物质生活条件由各种各样的因素构成，它包括人类生存和发展的自然基础即地质、气候条件和地理环境，同时还有人口的增殖。这些自然条件都是影响历史发展的因素。马克思和恩格斯虽然认为科学的历史观不应忽视这些自然因素，但他们研究的重点却是人们物质生活资料的生产和再生产。因为物质生活资料的生产和再生产是历史发展的根本动力。马克思、恩格斯指出："人们能够创造历史，必须能够生活。但是为了生活，首先就需要衣、食、住以及其他东西。因此，第一个历史活动就是生产满足这些需要的资料，即生产物质生活本身。"因此，任何历史观的第一件事情就是必须注意上述基本事实的全部意义和全部范围，并应给予足够的重视。没有物质生活资料的生产和再生产，就没有人类社会的生存和发展；也就没有人类的其他一切活动，因此也就无所谓"创造历史"。所以，一切复杂纷纭的历史现象，都应由这个最后的决定因素来说明。马克思、恩格斯的这个伟大的发现，奠定了历史唯物主义大厦的牢固基石。《德意志意识形态》不仅阐述了生产对历史发展的决定性作用，而且进一步阐述了物质生活资料的生产和再生产是如何决定历史发展的。马克思、恩格斯深入考察了人们的物质生产的特性，指出，人们的生产表现为双重关系，一方面物质生产是一种改造自然的活动，表现为人与自然的关系，表现为一定的生产力；另一方面，人是一种社会性的存在，人们不能单独孤立地生产，必须联合起来，在生产中结成一定的交往关系。人们的交往关系是进行生产的必要条件。人与自然的关系决定人们之间的关系，生产力水平决定交往关系。随着生产力的发展，原来与生产相适应的作为生产的必要条件的交往形式变成了它的桎梏，这种已经成为桎梏的旧的交往形式必然要被新的交往形式所代替。马克思、恩格斯不仅指出生产力对交往形式的决定作用，而且还指出一种交往形式在成为新的生产力的桎梏以前是不会消灭的。马克思、恩格斯第一次阐述了生产力和交往形式发展的最一般的客观规律。他们指出，不仅生产力决定交往形式，交往形式也制约和影响生产力的发展。交往形式对生产力发展的影响有两种情况。当交往形式适合生产需要的时候，它是生产的必要条件，是人们在生产中的自主活动条件，它促进生产力的发展。但当交往形式在发展过程中成为生产进一步发展的桎梏时，便阻碍生产力的发展。因此历史发展的真正根源在于生产和交往形式不断的矛盾运动，应当在物质生活资料的生产中去寻找和揭示社会历史发展的原因。马克思、恩格斯由此得出一个重要结论："一切历史冲突都根源于生产力和交往形式之间的矛盾。""必须把'人类的历史'同工业和交换的历史联系起来研究和探讨。"马克思、恩格斯还据此考察了整个人类的历史，并对历史上相继更替的各个经济形态的基本特点作了简要的分析。在不同的历史发展阶段上，人们之间的相互关系"根据个人与劳动的材料、工具和产品的关系"而不断地改变，而所有制的各种不同的历史形式则随着生产力的不断发展而相互更替。马克思、恩格斯考察了各种所有制形式之间的差别和社会发展的承续性，认为新的一代只能继承和接受他们的先辈遗留下来的生产力，他们只能在此基础上进行创造，而不能超越他们继承下来的生产力发展的水平。在一定的生产力发展的基础上形成了一定的交往形式。交往形式一经形成便成为生产继续发展的有利条件。但交往形式的变化往往比生产力的发展迟缓得多，它后来逐渐变为生产发展的阻碍因素，与生产力发生矛盾。这个矛盾每一次要不可避免地爆发为革命。这是这个矛盾的解决办法。它的结果则是已经成为生产力发展桎梏的旧的交往形式被适应于比较发达的生产力的新的交往形式所代替。这就是社会历史发展的一般概况和基本规律。

马克思、恩格斯应用这一规律特别考察了资本主义社会，指出，资本主义是与生产力的发展水平相适应的、暂时的"交往形式"，它在客观上有其历史的必然性。但随着生产力的发展，生产资料的私有制必然成为束缚生产力发展的桎梏，它将被共产主义革命所摧毁。共产主义革命将建立新的交往形式，以适合生产力进一步发展的状况。马克思、恩格斯由此进一步描绘了共产主义社会的美好前景。对马克思主义哲学来说，《德意志意识形态》虽然在用语方面与后来的著作存在着差异，如用"交往形式"、"交往关系"来表达"生产关系"等，但其基本思想完全一致。因此，在《德意志意识形态》中，马克思和恩格斯第一次描述了社会历史发展的一般进程，阐述了作为新世界观的历史唯物主义的一般原理和基本方法。

马克思、恩格斯不仅考察了社会历史的发展，而且深入探讨了观念和现实之间的关系。《德意志意识形态》认为，生产力和交往形式的冲突决定历史的发展，是通过交往关系即市民社会的变化和发展来实现的。市民社会指人们在生产和交换过程中发生的物质关系，以及从生产和交往中发展起来的社会组织。马克思和恩格斯指出，生产力向前发展，分工发生变化，人们与劳动材料、工具和产品的关系发生变化，人们在生产和交往中的物质关系，以及经济组织也随之发生变化，进而引起国家及其他观念的上层建筑发生变化。马克思和恩格斯把市民社会理解为整个社会历史的基础，在这个基础之上形成了各种不同的理论形态和意识形式，如宗教、哲学、道德等。这些意识形态归根结底应当由这个基础来说明。马克思、恩格斯指出，"这样做当然能够完整地描述全部过程（因而也就能够描述这个过程的各个不同方面之间的相互作用）了"。马克思、恩格斯从市民社会出发，对社会意识的产生、发展和实质作了科学的考察和说明。他们认为，社会意识是社会存在在人们头脑中的反映，是社会存在的观念形态。马克思、恩格斯指出，"不是意识决定生活，而是生活决定意识"，"意识在任何时候都只能是被意识到了的存在，而人们的存在就是他们的实际生活过程"。即使是人们头脑中的模糊的意识也是物质生活过程的反映，虽然是一种颠倒了的反映。"如果在全部意识形态中人们和他们的关系就像在照相机中一样是倒现着的，那么这种现象也是从人们生活的历史过程中产生的"。人们的意识既然是社会存在的反映，那么它也一定要随着人们的物质生活条件的改变而发展变化，发展着自己的物质生产和物质交往的人，在改变现实的同时，也改变着自己的思维的产物。意识虽然是社会存在的反映，但意识形态一经形成，便具有一定的独立性。社会分工使一部分人从事精神生产从而加强了意识的独立性。然而夸大意识的这种相对的独立性，最终将导致唯心主义。就像意识的产生只能由产生它的社会存在来说明一样，意识的消灭不是靠意识范围内的批判来完成的。意识的消灭必须依靠产生它的物质条件的改变。只有实际推翻产生意识的那些物质条件、社会关系，才能把意识消灭。总之，马克思和恩格斯证明，政治和思想的上层建筑，归根结底是由历史发展的每

046

一阶段上所存在的经济关系决定的，因此必须由这种经济关系来说明。

在考察社会历史的同时，马克思、恩格斯还对阶级和国家作了科学的说明。马克思、恩格斯认为阶级的产生和划分是由生产决定的。像说明社会意识一样，对阶级状况的说明也应当以经济及其发展为出发点。阶级的存在和生产的相对不发展和有限的生产力相联系。在生产水平不高的情况下，生产不能满足整个社会的需要，必然造成这样的状况：一些人靠另一些人来满足自己的需要，因而一些人（少数）得到了发展的垄断权；而另一些人（多数）经常地为满足最迫切的需要而进行斗争。在生产力水平不发达的情况下，在分工的范围内，私人关系必然发展为阶级关系。因此阶级的存在由生产发展一定阶段上的经济因素决定是不以个人的意志为转移的。阶级一经形成，就成为一种独立的因素，对阶级内部各成员的生活、思想和命运起决定作用。在个人与本阶级的关系上，个人必须服从于阶级的利益。阶级既然由经济水平决定，那么生产力的发展必然带来阶级的变化，因此阶级不是永恒的，在交往和生产力发展到相当普遍的程度时，私有制成为它们的桎梏而必然被消灭，阶级就会被消灭。马克思、恩格斯认为大工业提供了这样的条件。《德意志意识形态》还分析了历史上阶级斗争的情况，第一次科学地阐明了无产阶级的历史作用和伟大使命，指出

"每一个力图取得统治的阶级，如果它的统治就像无产阶级的统治那样，预定要消灭整个旧的社会形态和一切统治，都必须首先夺取政权"。马克思、恩格斯还阐述了无产阶级革命的主要的经济的、政治的和思想的前提，论证了无产阶级革命的最本质特征。无产阶级革命和历史上一切革命根本不同，它不是用一种剥削形式代替另一种剥削形式，而是要消灭一切剥削。这种革命归根到底是要消灭任何阶级的统治以及消灭这些阶级本身。《德意志意识形态》还分析了国家的性质和历史作用。指出国家是经济上占统治地位的阶级的权力工具。从国家的产生看，它是与阶级的存在相联系的。生产的发展引起分工，分工使人们分裂成有各自特殊利益的阶级。其中一个阶级取得统治地位，建立国家，并把自己的阶级利益说成是共同利益，赋予它普遍的形式，并通过国家干涉和约束其他阶级的利益。因此，国家是统治阶级的各个个人借以实现其共同利益的形式，统治阶级中的个人给他们自己的意志以国家意志即法律的一般表现形式。国家的存在以阶级统治的存在为前提。国家是现实的经济关系的政治表现，它维护的是统治阶级的利益。但在剥削阶级占统治地位的社会里，它总是以整个社会共同利益的维护者的面目出现，表现为虚幻的共同体。国家独立于个人，当然也不以被统治阶级个人的意志为转移。马克思、恩格斯指出，"只要生产力还没有发展到足以使竞争成为多余的东西，因而还这样或那样地不断产生竞争，那么，尽管被统治阶级有消灭竞争，消灭国家和法律的'意志'，然而它们所想的毕竟是一种不可能的事"。《德意志意识形态》第二卷还对当时流行的"真正的社会主义"的思潮进行了分析批判。

《德意志意识形态》是马克思、恩格斯对他们以前的哲学思想、社会政治思想和经济学思想的批判性总结，同时也是他们崭新观点的全面阐述。在这部内容丰富的著作中，马克思、恩格斯揭示了社会历史发展的客观规律，阐明了作为新世界观的历史唯物主义的出发点、方法论和一些基本原理，为马克思主义哲学的进一步发展奠定了基础。

——《马克思恩格斯全集》第 3 卷

人民出版社 1956 年～1985 年版，

第 11 页～640 页

《哲学的贫困》

　　全文约 9 万字。马克思 1847 年 1 月开始用法文写作，至 4 月初，基本完成并付印。6 月 15 日，马克思为该书写了一个简短的序言；7 月初，这部著作以法文单行本刊行于布鲁塞尔和巴黎。上海水沫书店 1929 年 10 月首次出版杜竹君译的中译本，名为《哲学之贫困》。40 年代，上海作家书屋再版三次。1949 年 9 月，解放社又出版了何思敬的译本。这部著作是马克思为了批判 P. J. 蒲鲁东《贫困的哲学》而写的。全名为《哲学的贫困。答蒲鲁东先生的〈贫困的哲学〉》。

　　1846 年，蒲鲁东的《经济矛盾的体系，或贫困的哲学》问世，这部著作集中体现了蒲鲁东的唯心主义和形而上学的观点及其小资产阶级改良主义的思想体系。在此之前，蒲鲁东曾把该书的内容相当详细地告诉马克思，马克思决定接受蒲鲁东的挑战。特别是当恩格斯从巴黎陆续来信告诉他有关蒲鲁东这本著作的基本思想之后，马克思更加觉得有必要对该书进行批判。1846 年 12 月下旬，马克思从书商那里刚拿到《贫困的哲学》的文本，就立即着手进行批判。由于俄国文学家巴·瓦·安年柯夫曾写信问过马克思对于蒲鲁东这部著作的意见，马克思在同年 12 月 28 日给他的回信中，提纲挈领地概述了对《贫困的哲学》的原则性批评意见。这封信实质上也就是马克思著述《哲学的贫困》一书的纲要。由于蒲鲁东不懂德文，为了更好地同蒲鲁东作斗争，以肃清蒲鲁东主义在法国工人群众中的影响，马克思特意用法文写作。

《哲学的贫困》一书的内容分为两章，第一章主要批判蒲鲁东著作的经济学观点，第二章主要批判蒲鲁东著作所运用的方法和他的社会历史观。全书的基本思想可概括为以下几部分：

（一）剖析蒲鲁东的构成价值论。价值理论是蒲鲁东编造的经济矛盾体系的基石。蒲鲁东价值理论的核心是所谓"构成价值"或"综合价值"。蒲鲁东认为这是他的一个伟大的发现，马克思把《哲学的贫困》第一章标题为"科学的发现"，就是对蒲鲁东自我吹嘘的嘲讽。蒲鲁东认为，必须让所有的产品都严格地按照一定的比例生产出来，这样就可以保证每一种产品都毫无过剩地为交换所吸收，从而所有产品的价值通过交换都能达到"构成状态"，由此也就可以保证供求关系达到完全的平衡。他宣称："价值是构成财富的各种产品的比例性关系。"针对这一理论，马克思指出："任何一种价值都不是单独构成的。"他从几个方面予以批判。首先，他指出："完全构成了的'比例性关系'是不存在的，只有构成这种关系的运动。"他考察了资本主义现实的交换活动，批判了蒲鲁东关于生产商品花费的劳动时间决定交换价值的说法。马克思认为交换价值取决于供求关系，极为稀少的商品如果无人需求，那也是太多，有的商品千千万万但供不应求，那也是太少。这样，决定交换价值的高低的因素，就是买者和卖者双方讨价还价的竞争斗争，"要进行劳动分配，除了自由竞争之外没有别的规则、别的权力可言"。其次，马克思指出，产品的价值是在生产过程中由人们创造的，而不是在交换过程中构成的。他写道："产品的交换形式是和生产的形式相适应的。生产形式一有变化，交换形式也就随之变化。因此在社会的历史中，我们就看到产品交换方式常常是由它的生产方式来调节。个人交换也和一定的生产方式相适应，而这种生产方式又是和阶级对抗相适应的。因此，没有阶级对抗就不会有个人交换。"这时，马克思开始意识到"劳动价值"的实质。他认为，在资本主义制度下，劳动本身就是商品，它是作为商品由生产劳动这种商品所必需的劳动时间来衡量的，而要生产这种劳动商品需要什么呢？需要为了生产维持不断的劳动即供给工人活命和延续后代所必需的物品的劳动时间。这里，他已经区分了"劳动价值"和"劳动的价值产品"，这就为他科学地解决两者之间的关系，从而为最终形成剩余价值理论打下了基础。最后，马克思揭露了蒲鲁东的价值理论的实质。指出，蒲鲁东的所谓"正确比例关系"是小生产者的产物，"只有在生产资料有限、交换是在极狭隘的范围内进行的时候，才可能存在"。

（二）剖析了蒲鲁东的唯心史观，进一步确立唯物主义历史观的基本前提。马克思批判了蒲鲁东不懂得也不承认社会关系必须适应生产力发展性质的要求的原理。他既没有看到经济范畴只是这些现实关系的抽象，只是适于一定的历史发展阶段，一定的生产力发展阶段的规律；也不知道这些观念、范畴也同它们所表现的社会关系一样，不是永恒的，而是历史的暂时的产物。相反地，蒲鲁东却颠倒这种关系，把逻辑关系当作社会关系，把经济范畴看作是在他的头脑中的排列的次序。马克思认为，历史只是物质生产发展、物质资料生产方式发展的历史。他对生产力的内容作出了新的规定。他说："在一切生产工具中，最强大的一种生产力是革命阶级本身。"马克思还揭示了社会机体各种因素之间相互依存和相互作用，以及这种相互作用是如何推动社会发展的。马克思认为，人们在生产中结成的生产关系，"是他们的物质的和个体的活动所借以实现的必然形式"；而人们在生产中结成的这种"物质关系形成他们的一切关系的基础"。在《哲学的贫困》中，马克思开始使用了"生产关系"这个统一的科学概念，而不是像先前那样用"交往关系"、"交往形式"等术语来表达生产关系的内容。马克思指出："每一个社会中的生产关系都形成一个统一的整体。"对于生产力决定生产关系，进而决定一切社会关系这一历史唯物主义的基本原理，马克思做了初步的表述。他写道："在人们的生产力发展的一定状况下，就会有一定的交换和消费形式。在生产、交换和消费发展的一定阶段上，就会有一定的社会制度、一定的家庭、等级或阶级组织，一句话，就会有一定的市民社会。有一定的市民社会，就会有不过是市民社会的正式表现的一定的政治国家。"社会的发展变化，归根到底，是由生产力的发展变化决定的。马克思指出："社会关系和生产力密切相联。随着新生产力的获得，人们改变自己的生产方式，随着生产方式即保证自己生活的方式的改变，人们也就会改变自己的一切社会关系。手工磨产生的是封建主为首的社会，蒸汽磨产生的是工业资本家为首的社会。"

（三）把政治经济学变成为一门历史的科学。《哲学的贫困》在理论上的最重大的成果，是在辩证唯物主义和历史唯物主义的基础上按照新的方式规定了政治经济学的对象和方法，把政治经济学变成为一门历史的科学。马克思认为，生产力是以往活动的产物，是人们不能自由选择的既得力量。"单是由于后来的每一代人所得到的生产力都是前一代人已经取得而被他们当作原料来为新生产服务这一事实，就形成人们的历史中的联系"，就形成经济形式变更的内部联系。在马克思看来，研究人们借以进行生产、交换和消费的经济形式和发现它们发展的规律性，"理解经济发展"，即理解与生产力发展的一定阶段相适应的，因而是过渡性的、历史上暂时的生产关系的产生、运动和它的内部联系，是政治经济学的任务，而政治经济学也就成为一门历史科学。在这里，马克思确定了经济范畴的客观性。《哲学的贫困》给经济范畴下了一个经典的定义：经济范畴是人类"生产方面社会关系的理论表现，即其抽象"。马克思反复强调：政治经济学"当作出发点"的是"现代社会"，即资本主义社会。这就是说，政治经济学必须先把社会关系作为经济范畴的现实基础来研究、从而通过抽象的方法得出经济范畴。马克思还强调了经济范畴的历史性。马克思指出，经济范畴"同它们表现的关系一样，不是永恒的。它们是历史的暂时的产物"，并且"和一定的生产方式"相适应。他认为政治经济学要研究"这些关系本身是怎样产生的"，研究一定生产关系的产生、发展及其被更高形态的生产关系所代替的"历史运动"。这里，提出了马克思主义政治经济学方法的一个基本原理。正是这个原理，才使政治经济学有可能成为真正的科学。马克思在批判蒲鲁东政治经济学的形而上学时，还阐述了表明生产方式一定方面的各个生产关系以及作为它们的理论表现的各个经济范畴之间的联系。马克思指出，在生产关系这个整体中，每一个关系"只是其他经济关系的整个锁链中的一个环节"，每个经济范畴也只是反映这个整体的个别方面。因此，在考察某一生产方式的各个生产关系和经济范畴时，就不能像蒲鲁东那样，把它们从整体中割裂出来当作各个"单个社会"来考察它们的联系，而必须始终注意这个生产方式的整体，必须在各个生产关系的相互联系上来考察它们以及作为它们的理论表现的经济范畴。

（四）批判了蒲鲁东的形而上学方法论，进一步阐明唯物辩证法的基本思想。蒲鲁东的"经济矛盾的体系"，原封不动地承袭了黑格尔的思辨哲学的根本立场。蒲鲁东抽掉了辩证法的核心，即矛盾的学说，从而摒弃了整个辩证法。他自以为学会了黑格尔辩证法，克服了康德的"二律背反"。马克思认为，蒲鲁东的"辩证法"，并没有描述什么理性的辩证运动，"代替它的至多不过是最纯粹的道德而已"。马克思批判蒲鲁东"既没有给我们范畴的世俗历史，也没有给我们范畴的神圣历史！那么，到底他给了我们什么历史呢？是他本身矛盾的历史"。在马克思看来，一切事物的运动是事物本身所具有的，经济范畴的辩证法，观念的辩证法，是由客观事物的辩证法决定的。他说："一切存在物，一切生活在地上和水中的东西，只是由于某种运动才得以存在、生活。例如，历史的运动创造了社会关系，工业的运动给我们提供了工业产品，等等。"马克思在批判蒲鲁东的形而上学观点时，研究了相互排斥的对立面的相互制约性，研究了矛盾双方的不同地位和作用。正是由于马克思注意到对唯物辩证法本身的研究，所以他在《哲学的贫困》中明确地指出了唯物辩证法的本质。马克思说："两个矛盾方面的共存、斗争以及融合成一个新范畴，就是辩证运动的实质。谁要给自己提出消除坏的方面的任务，就是立即使辩证运动中断。"在批判蒲鲁东的形而上学观点时，马克思还认为，社会革命是历史进步不可缺少的环节。他认为，"要使被压迫阶级能够解放自己，就必须使既得的生产力和现存的社会关系不再继续并存。"而"被压迫阶级的解放必然意味着新社会的建立"。他指出："只有在没有阶级和阶级对抗的情况下，社会进化将不再是政治革命。而在这以前，在每一次社会全盘改造的前夜，社会科学的结论总是：'不是战斗，就是死亡；不是血战，就是毁灭。问题的提法必然如此。'"

《哲学的贫困》从理论上揭穿了小资产阶级改良主义的幻想，论证了无产阶级推翻资本主义、建设共产主义的革命纲领。它是马克思用科学方法直接研究政治经济学问题的第一部著作。在这部著作中，马克思才开始运用他刚制定的辩证唯物主义和历史唯物主义来探讨一系列经济范畴，并深入到资本主义生产关系的内部联系。《哲学的贫困》标志着马克思主义政治经济学建立的开端。它第一次通过出版物以公开论战的形式科学地阐述了唯物主义历史观的基本原理和唯物主义辩证法的基本思想，它是第一批成熟的马克思主义著作之一。恩格斯后来把该书称作"我们的纲领"。

——《马克思恩格斯全集》第 4 卷

人民出版社 1956 年～1985 年版，

第 71 页～198 页

《共产主义者同盟章程》

全文约 1800 字。原文是德文，第一次发表于《共产主义者同盟建盟文献（1847 年 6 月至 9 月）》1969 年汉堡版。

1847 年初，马克思和恩格斯同意在如下条件下加入同盟：正义者同盟按民主的原则进行改组；清除同盟的结构和活动中所存在的阴谋活动和宗派主义的因素。恩格斯直接参加了代表大会的工作，在章程的起草过程中起了积极的作用。共产主义者同盟章程草案于 1847 年 6 月初在同盟的第一次代表大会上通过，并分送各区部和支部讨论。

草案反映了正义者同盟的领导根据马克思和恩格斯的建议所进行的改组工作，其中第一条提出"同盟的目的：通过传播财产公有的理论并尽快地求其实现，使人类得到解放"，表明了无产阶级消灭私有制，建立公有制、实现人类彻底解放的要求；正义者同盟改名为共产主义者同盟，正义者同盟原来的口号"人人皆兄弟"改为具有阶级性的新口号："全世界无产者，联合起来!"新口号充分体现了无产阶级共同的世界观、共同的阶级利益、共同的奋斗目标和无产阶级的国际性。从此，这个响彻云霄的口号成了全世界无产阶级团结战斗的誓言。新章程以民主集中制代替原来宗派密谋的组织原则。章程规定，同盟分为支部、区部、中央委员会。代表大会是同盟的立法机关。两次代表大会之间由代表大会选出的中央委员会领导同盟工作。各级委员会由选举产生，如果选举人认为任职人员执行职务的情况不能令人满意，可随时撤换。新章程删去了接受盟员的复杂的、神秘主义的仪式，要求入盟的人必须履行以下诺言：相信财产公有是真理，自愿加入为实现财产公有而建立的强有力的同盟；始终不渝地用言语和行动来传播财产公有的原则并促其实现；对同盟的存在及一切事情保守机密；服从同盟的决议。章程还规定必要的纪律，对于行为不端或违反同盟原则的人，视情节轻重令其离盟或开除出盟。

同时，草案的某些条款也表明了改组的不彻底，还有以前的宗派观念的影响。这些条款后来按照在马克思和恩格斯直接影响下的布鲁塞尔区部委员会的建议而得到修正。第二次代表大会通过了用科学共产主义原则最终确定的共产主义者同盟的章程。

——《马克思恩格斯全集》第 42 卷

人民出版社 1956 年～1985 年版，

第 419 页～423 页

《〈莱茵观察家〉的共产主义》

　　全文约 1.1 万字。马克思写于 1847 年 9 月 5 日，原文是德文，发表于 1847 年 9 月 12 日《德意志—布鲁塞尔报》第73号。

　　1847 年第 206 号的《莱茵观察家》日报刊登了格·瓦盖纳写的一篇宣传"共产主义"的文章，格·瓦盖纳是封建的和基督教的社会主义的代表人物。这一流派的"社会主义"宣扬国王代表人民的利益，对人民进行欺骗性的说教和根本不切实际的许愿，以指望利用无产阶级和广大人民群众来反对自由资产阶级，巩固封建专制统治。为了捍卫无产阶级共产主义的革命原则，阐明它同封建的和基督教的社会主义的界限是十分必要的。于是，马克思写了这篇文章对《莱茵观察家》的文章进行了解剖和批判。马克思彻底揭穿了《莱茵观察家》的"共产主义"的反动和欺骗性质。"共产主义的所得税"制和信奉基督教关于罪恶和赎罪的教义是实现这种"共产主义"的两大"法宝"。对此，马克思逐个地进行了剖析，他用英国的历史实例来说明所得税根本不能消灭贫困。同时，马克思援引了普鲁士财政大臣杜厄斯堡关于国家对所得税的用场的说明，指出所得税根本不会有余额用来实现瓦盖纳之流的"补偿"计划；而宗教教义这种精神上的麻醉和欺骗也是解决不了社会贫困的实际问题的。马克思以激愤的笔触，嘲讽了瓦盖纳的这些毫无用处的"共产主义"废话。马克思还批判了瓦盖纳妄图以基督教原则取代共产主义的反动论调，揭露了基督教的社会原则的反动本质，说明它同无产阶级的革命理论是水火不相容的。在文中，马克思还揭穿了瓦盖纳关于"政府、王权与人民相统一"、"国王和政府代表人民"的论调以及由政府来实现社会主义的欺骗的荒谬性，论证了人民与王权之间，无产阶级的共产主义和封建专制政府二者之间的尖锐对立。指出共产主义者同普鲁士政府之间必须划清界限。

在这篇揭露封建的、基督教的社会主义的反动面目的文章中，马克思阐明了德国无产阶级在现实斗争中对资产阶级应该采取的正确立场。他指出，首先，无产阶级决不去盲目地参与各种社会主义流派咒骂资产阶级的大合唱。其次，无产阶级虽然也对资产阶级的行动进行抨击，但这与国王、专制政府对资产阶级的态度不同，是从自己的阶级立场出发的。最后，无产阶级决不把解放自己的希望寄托于资产阶级，而是明确地意识到这一阶级同自己的对立。

马克思的这篇文章，实际上已经制定了在封建专制统治国家中无产阶级在革命斗争中处理同资产阶级关系的策略的基本原则，是对科学共产主义学说的重大贡献。

——《马克思恩格斯全集》第 4 卷

人民出版社 1956 年～1985 年版，

第 207 页～222 页

《道德化的批判和批判化的道德》

全文约 2.5 万字。为马克思 1847 年 10 月底写的一篇驳斥卡尔·海因岑的文章。原文是德文，发表于 1847 年 10 月 28、31 日和 11 月 11、18、25 日《德意志—布鲁塞尔报》第 86、87、90、92 和 94 号。

卡尔·海因岑是一个共和主义者，1847 年 10 月 21 日，他在《德意志—布鲁塞尔报》上发表了题为《共产主义者的一个代表》的文章，攻击恩格斯。马克思看到后，即写下此文。在文中，马克思揭露了卡尔·海因岑主观任意地"安排"历史发展和"制定"社会制度的唯心主义态度。同时，马克思也正面阐明了科学共产主义的有关原理。在权力和阶级关系的问题上，马克思把权力分为财产权力和政治权力两种，指出无产者必须从资产阶级手里夺回权力。在社会问题上，马克思认为："人们的政治关系同人们在其中相处的一切关系一样自然也是社会的、公共的关系。因此，凡是有关人与人的相互关系问题就是社会问题。"马克思还批判了海因岑认为财产关系、继承权等可以任意改变和调整的论调。他指出："这是同一般工业发展的不同阶段和各国工业发展的特殊阶段适应的。""财产问题从来就随着工业发展的不同阶段而成为这个或那个阶级的切身问题"。

马克思在这篇短文中还阐明了无产阶级革命与资产阶级民主革命的关系，进一步发展了共产党人在民主革命中的策略思想。提出了在资产阶级同君主专制的斗争中无产阶级应该站在资产阶级一边的原理。马克思的这些论述为在德国建立无产阶级革命政党、制定其正确的策略原则、进一步消除思想障碍创造了条件。

——《马克思恩格斯全集》第 4 卷

人民出版社 1956 年～1985 年版，

第 322 页～356 页

《共产党宣言》

　　全文约 2.6 万字。马克思和恩格斯写于 1847 年 12 月至 1848 年 1 月，原文是德文，1848 年 2 月第一次以单行本在伦敦出版，后迅速被译成欧洲各国文字。1848 年的各个版本中均未提《共产党宣言》作者的名字。在 1850 年宪章派的机关刊物《红色共和党人》登载《共产党宣言》的第一个英文译本时，该杂志的编辑 G. J. 哈尼才在序言中首次指出作者是马克思和恩格斯。《共产党宣言》发表以后，马克思和恩格斯为《共产党宣言》的不同文本和不同版本合写了两篇序言。马克思逝世后，恩格斯又单独写了五篇序言。

　　《共产党宣言》是第一部全面系统阐述科学社会主义基本原理的纲领性文献，也是马克思主义著作中传播最广、影响最大的一部名著。从发表到现在,《共产党宣言》在全世界已用110种文字,出版了1000次以上。在中国,1920年8月,上海社会主义研究社出版了陈望道翻译的中译本。在此之前,1905年11月,中国同盟会机关报《民报》第二号刊登了朱执信撰写的《德意志社会革命家小传》,其中第一次介绍了《共产党宣言》的要点。到目前为止,已先后出版了中文单行本15种,印刷100多次。到新中国成立后,还出版了蒙、藏、维吾尔、朝鲜、哈萨克等文本。1847年6月2日~9日的共产主义者同盟第一次代表大会上通过了恩格斯写的《共产主义信条草案》,作为供全同盟讨论的纲领草案。这个草案共列举了22个问题,指明共产主义是关于无产者解放的学说,区分了无产阶级和历史上其他被压迫阶级,说明了共产主义的目标和向共产主义过渡的各项措施。由于各种条件的限制,这个草案虽然是按科学共产主义的精神写作的,但是显得粗糙和不够成熟,有些地方还有空想社会主义的痕迹。这个草案可以看作是《共产党宣言》的第一稿。1847年10月底11月初,恩格斯对信条草案加以修改补充,写成了《共产主义原理》。《共产主义原理》虽然继续采用问答形式,但是比信条草案有了很大进步。它共列举了25个问题,内容上更加丰富,更体现了马克思和恩格斯的革命理论观点。它可以看作《共产党宣言》的第二稿。但是,恩格斯对《共产主义原理》并不满意,他在

1847年11月23日致马克思的信中，认为要对纲领的内容作全面的历史的论证和系统的叙述，就必须抛弃问答书的形式，他建议把纲领称作《共产主义宣言》，并提出了纲领写作的内容提要。马克思赞同了恩格斯的意见，认为《共产主义原理》只具有初步方案的性质，并提出必须把《共产主义原理》改写成战斗的宣言。其后，他们在出发去英国参加同盟第二次代表大会的路上会面，并讨论了纲领问题。共产主义同盟第二次代表大会于1847年11月29日至12月8日在伦敦举行。马克思和恩格斯在大会上向代表们详尽地论述了自己的科学共产主义的基本思想，并在激烈的争论中批判了各种错误的观点。最后，他们坚持的革命原则获得大会的一致通过。马克思和恩格斯受大会的委托，按宣言的形式制定同盟的纲领。会后，他们于12月中旬先后离开伦敦返回布鲁塞尔，开始了撰写《共产党宣言》的工作。12月底恩格斯又去巴黎，马克思一个人完成了《共产党宣言》的初稿，并进行了精心的修改。在写作过程中，马克思和恩格斯表现了十分严肃和十分认真的态度。以致稿子不能按原计划在1848年1月初或最迟在1月中旬完成，直到1月下旬中央委员会催促，定稿本才在2月1日之前寄达伦敦。中央委员会毫无保留地通过了马克思恩格斯的稿子，于是《共产党宣言》在2月份随即付印。3月中旬，已有1000册成书发送到法国、德国及大陆其他一些国家。伦敦的《德意志伦敦报》从3月~7月连续刊登了《共产党宣言》全文。当年，《共产党宣言》的法文本、英文本、丹麦文本、波兰文本和瑞典文本都先后出版。

1888 年，恩格斯在《共产党宣言》的英文版序言中写道，构成宣言核心的基本原理就是："每一历史时代主要的经济生产方式与交换方式以及必然由此产生的社会结构，是该时代政治的和精神的历史所赖以确立的基础，并且只能从这一基础出发，这一历史才能得到说明；因此人类的全部历史（从土地公有的原始氏族社会解体以来）都是阶级斗争的历史，即剥削阶级和被剥削阶级之间、统治阶级和被压迫阶级之间斗争的历史；这个阶级斗争的历史包括有一系列发展阶段，现在已经达到这样一个阶段，即被剥削被压迫的阶级（无产阶级），如果不同时使整个社会一劳永逸地摆脱任何剥削、压迫以及阶级划分和阶级斗争，就不能使自己从进行剥削和统治的那个阶级（资产阶级）的控制下解放出来。"（《马克思恩格斯选集》第 1卷第 237 页）

《共产党宣言》的全部内容就是对这个中心思想的展开论述。《共产党宣言》正文由简短的前言和四章组成。前言简要地勾画了早期共产主义运动的图景，描述了共产党人在形形色色敌人的咒骂、围攻中成长的进程，阐明了在这种历史背景中写作和发表《共产党宣言》的革命目的。

第一章，"资产者和无产者"。这一章的基本思想分为三个方面：（1）分析了阶级社会的阶级和阶级斗争状况，阐述了马克思主义关于阶级斗争的理论。本章一开始就指出：自原始公社解体以后，"到目前为止的一切社会的历史都是阶级斗争的历史"。接着，《共产党宣言》分析了阶级社会各个历史阶段的阶级划分和阶级斗争状况，说明阶级斗争是阶级社会发展的直接动力。《共产党宣言》着重分析了资本主义社会的阶级斗争的特点。指出，从封建社会灭亡中产生的资本主义社会，并没有消灭阶级对立，"它只是用新的阶级、新的压迫条件、新的斗争形式代替了旧的"。它的特点是阶级矛盾简单化了，明朗化了，"整个社会日益分裂为两大敌对的阵营，分裂为两大相互直接对立的阶级：资产阶级和无产阶级"。这里，《共产党宣言》还提出了一个著名原理，这就是："一切阶级斗争都是政治斗争。"（2）考察了资产阶级产生和发展的历史过程，揭示了资本主义必然灭亡的规律。《共产党宣言》从生产关系必须适合生产力状况这一历史唯物主义基本原理出发，分析了资产阶级在政治上、经济上产生和发展的历史过程。指出："现代资产阶级本身是一个长期发展过程的产物，是生产方式和交换方式的一系列变革的产物。"《共产党宣言》也十分公正地承认"资产阶级在历史上曾起过非常革命的作用"。指出，生产的不断变革，一切社会关系不停的动荡，永远的不安定和变动，就是资产阶级时代的社会历史特点。资产阶级开拓了世界市场，使得资本主义的新的工业的建立已经成为一切文明民族生命攸关的问题，于是地方的和民族的自给自足和闭关自守状态，被各民族的各方面的互相往来和各方面的互相依赖所代替。同物质生产的国际化过程相适应，各民族的精神产品也成了公共的财产，民族的片面性和局限性日益消失。马克思、恩格斯写道："资产阶级在它的不到一百年的阶级统治中所创造的生产力，比过去一切世代创造的全部生产力还要多，还要大。"它从经济、政治到思想意识，从国内到国外，"按照自己的面貌为自己创造出一个世界"。接着，马克思、恩格斯总结了资本主义生产方式产生的历史必然性。他们指出，封建社会里造成的资产阶级赖以形成的生产资料和交换手段发展到一定阶段上，它在其中发展的封建所有制关系就不再适应这些已经发展的生产力了，它变成了束缚生产的桎梏，"它必须被打破，而且果然被打破了"。这是马克思在《〈政治经济学批判〉序言》中论述历史唯物主义的著名论断的第一个表述。《共产党宣言》还指出，资本主义社会现在又进行着和封建社会末期类似的运动。随着生产力的巨大增长，到了一定阶段，资本主义社会这个巫师就再也不能支配自己用符咒呼唤出来的魔鬼了，无法再支配自己创造出来的巨大生产力了。"资产阶级的关系已经太狭窄了，再容纳不了它本身所造成的财富了"。资产阶级总是千方百计企图克服危机，但"这不过是资产阶级准备更全面更猛烈的危机的办法，不过是使防止危机的手段愈来愈少的办法"。社会生产力作为"资产阶级用来推翻封建制度的武器，现在却对准资产阶级自己了"。（3）叙述了无产阶级产生、发展和成熟的过程，阐明了无产阶级的伟大历史使命。《共产党宣言》指出："资产阶级不仅锻造了置自身于死地的武器；它还产生了将要运用这种武器的人——现代的工人，即无产者。"接着，马克思、恩格斯阐明了现代工人阶级在资本主义关系中的产生和它的处境。说明无产阶级只有推翻资产阶级的统治，消灭资本主义制度，它才能改变自身的悲惨处境。《共产党宣言》回顾了无产阶级反对资产阶级的阶级斗争的发展阶段及其成熟过程，说明无产阶级是埋葬资本主义的强大的社会力量和自觉的阶级。马克思、恩格斯还强调了在无产阶级发展的过程中，资本主义社会内部各种冲突对促进无产阶级在政治上的进一步成熟的重要作用。他们分析了资本主义社会中的阶级构成，指出："在当前同资产阶级对立的一切阶级中，只有无产阶级是真正革命的阶级。"因为：第一，无产阶级是大工业的产物，它随着大工业这种生产力的发展而发展，是最先进、最有前途的阶级，是最团结、最有组织纪律性的阶级，是新的生产方式的代表。第二，无产阶级一无所有，没有什么东西需要保护，因此它最能做到大公无私，革命最坚决。第三，无产阶级解放运动是人类历史上最彻底最广泛的革命运动。"是绝大多数人的、为绝大多数人谋利益的独立的运动"。在论述了这一切之后，马克思、恩格斯明确指出："无产阶级用暴力推翻资产阶级而建立自己的统治。"在本章的末尾作了一个小结。《共产党宣言》的结论是"资产阶级的灭亡和无产阶级的胜利同样是不可避免的"。

第二章，"无产者和共产党人"。本章的基本思想可以分为5个方面：（1）通过论述共产党人和一般无产者的关系，说明了党的性质和党的特点。《共产党宣言》指出，共产党和工人群众以及其他工人政党有共同之处，它是无产阶级性质的政党，代表的是无产阶级的利益，但是共产党又有别于一般工人群众和其他工人政党。这表现在：第一，"在各国无产者的斗争中，共产党人强调和坚持整个无产阶级的不分民族的共同利益"。第二，"在无产阶级和资产阶级的斗争所经历的各个发展阶段上，共产党人始终代表整个运动的利益"。第三，"在实践方面，共产党人是各国工人政党中最坚决的，始终推动运动前进的部分"。第四，"在理论方面，他们比其余的无产阶级群众优越的地方在于他们了解无产阶级运动的条件、进程和一般结果"。（2）说明了共产党的最近目的是夺取政权，党的基本理论原则是消灭私有制。《共产党宣言》指出，共产党人的最近目的是"使无产阶级形成为阶级，推翻资产阶级的统治。由无产阶级夺取政权"。共产党的理论用一句话概括起来，就是"消灭私有制"。《共产党宣言》总结道："这些原理不过是现存的阶级斗争、我们眼前的历史运动的真实关系的一般表现"。

(3) 驳斥了攻击共产主义的种种谬论，提出了共产主义革命的任务。《共产党宣言》首先驳斥了资产阶级对共产党人在消灭私有制问题上的诬蔑。指出，如果资产阶级所说的个人财产指的是小生产者的财产，那么，资本主义大工业的发展每天就都在消灭它。如果指的是消灭无产阶级的财产，那么，无产阶级并没有什么财产可以消灭。如果是指资产阶级的财产，那么，他们说对了，"资本不是一种个人力量，而是一种社会力量"。所谓消灭资产阶级的财产，实质上只是改变资本家财产的性质，使这种被资本家占有的社会公共财产，真正"变为属于社会全体成员的公共财产"。《共产党宣言》又从两个方面驳斥了所谓消灭私有制就是消灭个性和自由的谬论。马克思、恩格斯指出，在资产阶级社会里，工人早已被剥夺了个性，他仅仅为增值资本而生活，只有资本有其个性，共产党人就是要消灭这种状况。至于自由，资产阶级的"所谓自由就是贸易自由，买卖自由"。这种自由只是对于中世纪被奴役的市民的不自由的买卖来说才有意义，而对于要消灭买卖、消灭资产阶级生产关系、消灭资产阶级的共产主义来说是毫无意义的。他们总结说："共产主义并不剥夺任何人占有社会产品的权利，它是剥

夺利用这种占有去奴役他人劳动的权利。"《共产党宣言》还驳
斥了"私有制一消灭,懒惰之风就会兴起"的谬论。指出,只
有消灭了这种私有制,社会上的懒惰之风才会失去其存在的余
地。关于家庭问题,马克思、恩格斯首先揭露了资本主义社会
的家庭的实质。指出:资产阶级的家庭"是建筑在资本上面,
建筑在私人发财上面的"。他们的婚姻实际上是公妻制;而无
产者的一切家庭联系却已被并正在被大工业的发展所破坏,无
产者的被迫独居或公开卖淫完全是资本的罪过。他们预言:
"不言而喻,随着现在的生产关系的消灭,从这种关系中产生
的公妻制,即正式的和非正式的卖淫,也就消失了。"关于教
育问题,《共产党宣言》指出:共产主义要消灭资产阶级的教
育。因为这种教育只不过是把人训练成机器而已。但是共产主
义并不消灭一切教育,共产主义要使人成为全面发展的新人,
就一定要使教育事业空前繁荣。关于祖国和民族问题,马克
思、恩格斯针对资产阶级诬蔑共产党人要取消祖国、取消民族
的论调写道:"工人没有祖国。决不能剥夺他们所没有的东
西。"《共产党宣言》还阐明了无产阶级的解放同民族解放之间
的关系。关于宗教、哲学和一般意识形态问题,马克思、恩格
斯首先阐明了唯物主义历史观关于社会意识与社会存在的基本
原理。他们写道:"人们的观念、观点和概念,一句话,人们
的意识,随着人们的生活条件、人们的社会关系、人们的社会

存在的改变而改变。""思想的历史"就是"精神生产随着物质生产的改造而改造"的历史,"任何一个时代的统治思想始终都不过是统治阶级的思想"。其次,马克思、恩格斯具体地论述了宗教、道德等所谓"永恒真理"并不永恒的性质。《共产党宣言》在总结共产党人对待私有制和精神产品的占有和生产方面的态度时,提出了共产主义革命的任务。指出:"共产主义革命就是同传统的所有制关系实行最彻底的决裂;毫不奇怪,它在自己的发展进程中要同传统的观念实行最彻底的决裂。"(4)阐明了无产阶级实现共产主义的根本道路。《共产党宣言》在驳斥资产阶级的种种谬论之后,明确指出:为了实现共产主义,"工人革命的第一步就是使无产阶级上升为统治阶级,争得民主。无产阶级将利用自己的政治统治,一步一步地夺取资产阶级的全部资本,把一切生产工具集中在国家即组织成为统治阶级的无产阶级手里,并且尽可能快地增加生产力的总量"。马克思、恩格斯提出了为实现这一任务在最先进国家应该采取的十条具体措施:剥夺地产、征收高额累进税、废除继承权、没收流亡分子和叛乱分子的财产、实行财政垄断和信贷集中、运输业垄断、不断扩大国营企业、实行普遍劳动义务制并建立农业等方面的产业军、逐步消灭工农对立和城乡对立、实行公共义务教育等。(5)论述了共产主义社会的某些基本特征。《共产党宣言》勾勒了未来共产主义社会的轮廓:第一，《共产党宣言》指出，在共产主义社会里，"把资本变为属于社会全体成员的财产"，"全部生产集中在联合起来的个人的手里"。第二，《共产党宣言》指出，"在共产主义社会里，已经积累起来的劳动只是扩大、丰富和提高工人生活的一种手段"，"共产主义并不剥夺任何人占有社会产品的权利"。第三，《共产党宣言》指出，"共产主义要消灭买卖、消灭资产阶级生产关系和资产阶级本身"。第四，《共产党宣言》指出，工农之间、城乡之间、脑力劳动和体力劳动之间的差别也逐步消失了。第五，《共产党宣言》指出，"人对人的剥削一消灭，民族对民族的剥削就会随之消灭。民族内部的阶级对立一消失，民族之间的敌对关系就会随之消失"。第六，《共产党宣言》还指出，在共产主义社会里，"公众的权力就失去政治性质"，无产阶级将"消灭了它自己这个阶级的统治"。总之，共产主义社会"将是这样一个联合体，在那里，每个人的自由发展是一切人的自由发展的条件"。

第三章，"社会主义的和共产主义的文献"。《共产党宣言》对同时代的非科学的社会主义和共产主义作了如下的划分：第一，反动的社会主义。（甲）封建的社会主义；（乙）小资产阶级的社会主义；（丙）德国的或"真正的"社会主义。《共产党宣言》指出，封建的社会主义表现于法国和英国的贵族按照他们的历史地位所负的使命写下的抨击现代资产阶级社会的作品中。这种社会主义是对历史的反动。小资产阶级的社会主义是小农和小手工业者的社会理想。这种社会主义从小资产阶级的立场替工人说话。它虽然比较深刻地揭露了现代生产关系中的矛盾，指出了资本主义生产方式的几乎所有的消极因素，但这种社会主义梦想倒退到工业中的行会制度和农业中的宗法经济，它仍然是反动的，同时又是空想的。德国的或"真正的"社会主义是当时资本主义工业发展比较落后的德国的特产。它是代表德国现存制度的小资产阶级在资产阶级的工业统治和政治统治发展起来和革命无产阶级兴起的时候的阶级要求的理论反映。它是德国小市民的堂堂代表。第二，保守的或资产阶级的社会主义。这种社会主义是资产阶级中想要消除资本主义社会弊病以保障这个社会生存的一些人们的理论。它的实质是既希望保存资本主义社会一切祸害的基础，同时又希望消除这些祸害。第三，批判的空想的社会主义和共产主义。马克思、恩格斯在《共产党宣言》中比较详尽地评价了以圣西门、傅立叶、欧文等人为代表的这一社会主义流派。首先，他们简略地阐明了对法国资产阶级大革命时期产生的巴贝夫等人的共产主义的评价。接着阐明了这些社会主义和共产主义的特点。指出，这一流派的社会主义只把无产阶级作为受苦最深的阶级来同情，他们反对一切革命行动，企图依靠宣传和示范，通过向统治阶级呼吁来为他们编造的社会福音开辟道路。马克思、恩格斯给这些社会主义和共产主义以恰当的历史地位，指出他们的著作在历史上有一定的进步意义。

第四章，"共产党人对各种反对党派的态度"。首先，《共产党宣言》指出，共产党人政治策略的基本原则是："共产党人为工人阶级的最近的目的和利益而斗争，但是他们在当前的运动中同时代表运动的未来。"《共产党宣言》把这个基本的策略原则具体运用于当时的英国、美国、法国、瑞士、波兰和德国，分别阐明了共产党人在这些国家的具体策略方针。接下来，《共产党宣言》还概括出和这个基本策略原则密切相关的其他几项策略原则。第一，"共产党人到处都支持一切反对现存的社会制度和政治制度的革命运动"。第二，共产党人在其所参加的一切革命运动中，要"特别强调所有制问题，把它作为运动的基本问题"。第三，"共产党人到处都努力争取全世界的民主政党之间的团结和协议"。在《共产党宣言》的结束语中，马克思、恩格斯庄严宣告，共产党人不屑于隐瞒自己的观点和意图。他们公开宣布："他们的目的只有用暴力推翻全部现存的社会制度才能达到。让统治阶级在共产主义革命面前发抖吧。无产者在这个革命中失去的只是锁链，他们获得的将是整个世界。""全世界无产者，联合起来！"

《共产党宣言》的发表，标志着作为无产阶级解放自己和全人类的理论——马克思主义的科学体系的形成。它第一次完整而系统地叙述了马克思主义的基本原理。是人类思想发展史上的一件大事。《共产党宣言》又是第一个国际工人运动周详而完备的纲领，它作为共产主义者同盟的理论和实践的纲领发表，标志着马克思主义同工人运动的初步结合，标志着国际共产主义运动的兴起。斯大林曾指出："马克思和恩格斯以自己的《宣言》创造了一个时代。"（《斯大林全集》第1卷第322页）

——《马克思恩格斯全集》第4卷

人民出版社1956年～1985年版，

第461页～504页

《1848 年～1850 年的法兰西阶级斗争》

　　全文约 7.3 万字。马克思写于 1850 年 1 月至 11 月 1 日，载于 1850 年《新莱茵报。政治经济评论》第 1、2、3 期和 5 期～6 期。

　　1848 年欧洲革命失败以后，整个欧洲的工人运动处于低潮，马克思为了鼓舞工人阶级的斗志，迎接未来的战斗，及时总结了 1848 年欧洲革命的经验与教训，马克思特别注意研究法国革命斗争的经验，写作了《1848 年～1850 年的法兰西阶级斗争》。在这本书中马克思科学地总结了 1848 年～1850 年法国阶级斗争的历史经验，对于法国这一时期的历史作了唯物主义的阐述；精辟地分析了法国革命的原因、性质、动力。马克思论述了工农联盟的必要性，不断革命的理论，阐述了社会主义革命发生的历史条件，以及打碎旧的国家机器，建立无产阶级专政的必要性。这本书共分四章，包括前言。在前言中，马克思指出：1848 年～1849 年的欧洲革命虽然失败了，但是，在这些失败中陷于灭亡的不是革命；陷于灭亡的是革命前的传统残余，指出无产阶级在这些革命中受到了锻炼，在和强大的敌人进行斗争中发展成为真正的革命政党。

马克思在第一章主要叙述 1848 年 6 月革命并加以分析。在这一章里马克思首先分析了法国七月王朝时期的政治与经济，着重分析了各个阶级的状况以及它们之间的力量对比情况。指出：七月王朝不过是剥削法国国民财富的股份公司，它在经济上的政策阻碍了法国资本主义的发展，在政治上极其腐败，七月王朝的对外政策是站在反动的神圣同盟一边，纵容它们对弱小民族的欺凌，七月王朝的内外政策引起了法国人民的普遍不满。1845 年和 1846 年的马铃薯病虫害和歉收加深了人民的不满情绪，1847 年的英国工商业总危机加速了法国二月革命的到来。马克思指出：二月革命中产生的资产阶级临时政府中绝大多数是资产阶级的代表，工人阶级只有两名代表，二月革命的胜利成果被资产阶级窃取了，工人决心重新开始斗争，强迫临时政府宣布成立法兰西共和国。马克思分析了二月革命中法国工人阶级还没有能力实现自己的历史使命的原因是由于当时法国的工业资产阶级还没有在法国占居统治地位，工人主要反对的是金融贵族的统治，工人阶级反对资产阶级的斗争在当时的法国还没有成为普遍的现象。资产阶级共和国成立以后，资产阶级转而镇压工人阶级，向工人阶级发动了进攻。巴黎无产阶级以 1848 年 6 月 22 日的起义回答了资产阶级的猖狂进攻，马克思认为：巴黎无产阶级的六月起义是现代社会中两大对立阶级之间的第一次大交锋，是为保存或消灭资产阶级制度而进行的战斗。六月革命打乱了资产阶级的秩序，说明无产阶级已经意识到了它同资产阶级之间的矛盾是不可调和的；不能对资产阶级抱有任何幻想，应该推翻资本主义制度。马克思分析了六月起义失败的原因，指出无产阶级今后的任务将是推翻资产阶级，实行工人阶级专政，认为小资产阶级和农民将随着他们境况的恶化以及与资产阶级对抗的尖锐化而日益向无产阶级靠拢。

马克思在本书第二章分析了 1848 年 6 月至 1849 年 6 月 13 日的法国阶级斗争情况及其特点。指出：巴黎工人六月起义被镇压以后，资产阶级共和派的统治进一步加强，他们抛弃了农民和小资产阶级，寻求大资产阶级的支持，而资产阶级君主派利用了农民和小资产阶级对卡芬雅克的不满，把极端仇视革命，仇视共和国的路易·波拿巴扶上了宝座。路易·波拿巴的当选意味着资产阶级君主派取代了共和派的统治，成为复辟君主制的开端。1849 年 6 月 13 日小资产阶级山岳党人发动反对秩序党的民主运动遭到了失败。秩序党人大权独揽。

本书的第三部分分析了 1848 年 6 月 13 日事件的后果，马克思认为小资产阶级失败的原因在于他们自身的软弱无力，缺乏革命彻底性。马克思分析了法国制宪会议的历史。马克思考察了法国农民、小资产阶级如何逐渐站到了无产阶级一边，马克思提出了工农联盟的思想，无产阶级必须同农民结成联盟，在工农联盟中无产阶级应占居主导地位。马克思还提出了不断革命的理论，号召无产阶级把反对资产阶级的斗争进行到底，实行无产阶级专政，建立起新的社会制度，最终达到根本消灭阶级差别，消灭一切产生这些差别的生产关系及同这些生产关系相适应的社会关系。

本书第四章描述了 1850 年普选权的废除及此后法国的阶级斗争情况，马克思也阐述了社会主义革命产生的必要条件。指出：只有在现代生产力和资本主义生产方式这两个要素互相发生矛盾的时候，这种革命才有可能，马克思认为在当时的法国不具备立即进行社会主义革命的经济条件。当时资本主义的发展还正处于上升阶段，同时，马克思也指出：新的革命的来临像新的危机的来临一样是不可避免的。马克思坚信新的革命必将会到来。马克思在这本书中阐述了"革命是历史的火车头"的观点，不仅表明了马克思对革命作用的高度肯定，也表明了革命对于社会中各个阶级特别是对于农民的深刻影响，使得农民革命化了，投身于革命运动。马克思还指出了无产阶级在资产阶级统治下的一些斗争策略，可以组织俱乐部使工人团结一致反对资产阶级的统治，无产阶级必须积蓄起革命力量。

这本书里马克思还阐述了世界革命的观点，这是适合当时的实际情况的。

这本书丰富了马克思历史唯物主义理论，丰富了科学社会主义理论，是19世纪50年代马克思最重要的著作之一，这本书对于我们今天的社会主义建设也有深刻的指导意义。

——《马克思恩格斯全集》第7卷
人民出版社1956年～1985年版，

第9页～125页

《路易·波拿巴的雾月十八日》

全文约 8.1 万字。马克思写于 1851 年 12 月至 1852 年 3 月，1852 年作为《革命》杂志第 1 期在纽约出版。此时正值路易·波拿巴发动政变，在法国建立军事独裁政权。

1848 年 2 月法国巴黎人民武装起义，推翻了反动的七月王朝，同时也粉碎了资产阶级保留君主制的阴谋。但是资产阶级窃取了二月革命的果实，成立了资产阶级占多数的临时政府。临时政府一方面被迫采取一些进步性的措施，如宣布法国为共和国，实行普选制，同意集会、结社、出版自由。另一方面暗地积蓄力量，孤立工人，采取了反动的敌视工人阶级的措施。巴黎无产阶级发动了六月起义，遭到资产阶级的镇压而失败。资产阶级共和派的全面统治得以确立。他们采取限制人民权利的措施，失去了民心，在 1848 年 12 月的选举中，路易·波拿巴取胜当选为总统。他执政以后联合秩序党人打击资产阶级共和派，成立了"秩序党"内阁，用"秩序党"控制的立法会议代替了共和派的制宪会议。在资产阶级共和派的力量被削弱后，波拿巴成立了"十二月十日会"，同秩序党人展开了斗争，把行政权、军权控制在手上，于 1851 年 12 月发动了政变，成立了法兰西第二帝国，确立了军事独裁政权的统治。路易·波拿巴的政变震动了整个欧洲，人们对政变加以各种揣测，大多是将政变归因于路易·波拿巴个人的阴谋与野心。马克思鉴于法国革命历史上所具有的长期性与典型性的特点，一直注重对法国 1848 年革命及时局变化进行总结分析。

为了说明政变的真正原因，批判在此问题上的历史唯心主义观点，分析法国阶级关系和阶级斗争新特点，总结 1848 年革命的经验，制定无产阶级革命理论与策略，指导无产阶级革命运动，马克思撰写了《路易·波拿巴的雾月十八日》一文。

本文分 7 部分，叙述了法国二月革命到路易·波拿巴政变这一时期的历史事件，科学地分析了 1848 年法国革命的几个基本阶段，考察了各时期阶级力量的配置，阐述了马克思主义的一些极为重要的原理。第一部分中分析了二月革命的性质及其失败的原因，高度评价了二月革命的意义，指出它拟定了"现代革命的总的内容"。即无产阶级推翻资产阶级的社会主义革命。它表明无产阶级与资产阶级的矛盾已上升为社会主要矛盾，法国革命将揭开新的篇章。文中还总结了无产阶级革命的两个特征：清除旧的思想及革命道路的艰苦与漫长。另外还划分和总结了二月革命到政变之间的这一时期包含的阶段及其内容，第二部分介绍了法国这一时期各党派之间的斗争与政权的更替，揭示了资本主义国家的实质。分析了第二共和国的宪法，揭露和抨击了它的局限性与虚伪性。第三、四部分分析了立宪共和国时期的历史，介绍了小资产阶级民主派失败的经过，分析了其自身固有的弱点及民主派失败带来的政治影响。指出资产阶级共和派的力量削弱，"秩序党"控制了立法议会，为波拿巴发动政变提供了最后的条件。论述了资产阶级加强军事官僚机器的反动本性。五、六部分介绍了路易·波拿巴与秩序党斗争过程。第七部分分析了法国阶级状况，阐述了工农联盟的思想及无产阶级革命与专政的理论。马克思在文中论述了路易·波拿巴政变成功的原因，认为政变的发生与成功不是偶然的，不应将之简单归因于路易·波拿巴的人格与野心。而应从 1848 年革命以来法国社会的政治、经济发展中去寻找政变的原因。指出正是资产阶级反人民、反革命的政策，扼杀了革命，也削弱了自身的力量，最终导致路易·波拿巴建立独裁统治。资产阶级为了镇压工人运动，要求加强政府权力集中化、工具化的趋势，表明政变是资产阶级反革命性发展的合乎规律的结果。文中指出政变成功的原因还在于法国为数众多的小农阶级支持路易·波拿巴。马克思对法国小农阶级进行了深入的分析。指出广大的农民政治上闭塞落后，小农意识严重。他们迷恋于拿破仑时代的好时光。波拿巴向农民许诺要减轻赋税、保护小土地所有制，自封为农民利益的代表者。广大农民在议会制共和国下受到盘剥，认为路易·波拿巴政权将给他们带来福利，波拿巴王朝就是农民的王朝。农民当时占法国人口的大多数，他们的支持是路易·波拿巴政变成功的一个重要原因。文章通过深入细致的分析，阐明了路易·波拿巴政变的原因，驳斥了在此问题上的历史唯心的观点。据此阐述了个人在历史上的作用及评价历史人物的标准问题上的马克思主义观点。指出每一个社会会按自己的时代要求，创造出伟人来。人们不能随心所欲地创造历史，而是在前代遗留下来的既定的条件下创造。任何伟大人物都具有一定的阶级性。评价历史人物不只看其言论，更重要的是看其是否推动了历史的发展。否定了唯心主义的英雄史观和个人暴力论。马克思指出判断一个人的阶级属性应主要看其思想受哪个阶级社会生活界限的限制，奠定了用阶级分析的方法对社会政治思想领域中的个人进行分析的基本原则，同时也阐述了个人与其代表的阶级之间的关系理论。马克思分析了社会意识和社会存在的关系，指出不同的所有制形式上，不同的社会生存条件上，将产生不同的社会意识。

文中通过对 1851 年法国经济危机的分析，探讨了政治与经济之间的关系。指出 1851 年的危机是由一系列经济因素造成的，而经济危机影响了法国的政治，使资产阶级为了求得稳定和秩序而接受了政变。阐明经济有其自身的发展规律，经济对政治有决定性的影响这一唯物主义观点。马克思研究了二月革命至政变之间的法国各政党活动，揭示了政党的本质及活动的动因，并进而总结出阶级斗争是历史发展动力的理论。此外文章还阐述了意识形态的历史继承性原理及历史传统对现实斗争的作用的理论。马克思在文中着重阐述了无产阶级革命与无产阶级专政的理论。指出无产阶级革命与其他阶级革命的差别在于旧的革命只是以一个剥削制度代替另一个剥削制度，其结果是完善了镇压人民的国家机器。而无产阶级革命要否定旧的迷信，彻底消灭剥削制度，打碎旧的国家机器，建立新的国家机器。指出正因为无产阶级革命担负着伟大的历史使命，它才有别的革命所不具备的长期性与复杂性。文章阐述了革命的历史辩证法；无产阶级应首先帮助资产阶级确立其全面的统治，让资产阶级国家走完自己的全部过程以后，无产阶级才能获得同资产阶级进行决战的阵地，集中力量来推翻资产阶级的统治。马克思在文中还丰富发展了工农联盟的理论。指出广大法国农民当发现自己的利益不再与资产阶级利益相协调而是根本对立之时，他们就会从对波拿巴政权的幻想中清醒，把无产阶级当成自己的同盟者和领导人。文章分析了工农联盟的重要性，在法国农民占人口的多数，只有工农联合行动，才能孤立资产阶级国家，保证无产阶级革命取得成功。

《路易·波拿巴的雾月十八日》一文回顾和分析了二月革命至路易·波拿巴政变这一历史时期，说明了政变的原因，揭露了路易·波拿巴政权军事独裁的反动本质。文中阐述了一系列马克思主义的理论和观点，第一次提出了无产阶级革命必须打碎资产阶级国家机器的科学论断。文中关于无产阶级革命和国家学说的理论及工农联盟的思想，为以后无产阶级开展革命斗争提供了强有力的理论武器，具有深远的影响。本文因而成为马克思主义最重要的经典著作之一。

——《马克思恩格斯全集》第 8 卷

人民出版社 1956 年～1985 年版，

第 117 页～227 页

《贫困和贸易自由。

——日益迫近的商业危机》

全文约 5800 字。马克思写于 1852 年 10 月 12 日，载于 1852 年 11 月 1 日《纽约每日论坛报》第 3601 号。

1849 年～1852 年，欧洲各国资本主义经济迅速发展，工商业、对外贸易都出现繁荣景象。英国是欧洲工业最发达的国家，此时经济处于空前繁荣时期。因而各国资产阶级扬言他们已经战胜了严酷的命运，资本主义经济将永远繁荣下去，资本主义社会将万世永存。马克思一直关注着英国经济的发展，他不同意资产阶级思想家将经济危机看成是偶然的事件，各危机之间毫无联系的说法，相反地马克思力图通过对英国经济状况的分析，找到各危机之间的内在联系，推算资本主义经济危机的准确周期，总结出资本主义经济发展的规律，以便为无产阶级革命制定战略和策略。

　　本文写于 1852 年，此时正是英国资本主义经济最繁荣的一年。在文章中，马克思指出资本主义经济的繁荣、物质财富的增长并不能消除整个社会的贫困现象、阻止无产阶级贫困化的趋势。繁荣只是给资产阶级带来利益。驳斥了资产阶级所鼓吹的资本主义社会各阶级利益一致的谎言。马克思在文中分析指出资本主义生产的发展具有周期性，生产过程中产生 5 年～7 年的周期性循环。并把每一个周期划分为沉寂、若干好转、信心渐增、活跃、繁荣、狂热发展、过度扩张、崩溃、压缩、停滞、衰竭等若干阶段。指出上一个周期的终点即为下一个周期的起点。马克思由此分析指出当前的工业繁荣发展不会持续不断，英国经济将很快由繁荣阶段进入狂热发展、过度扩张的阶段，随之而来的将是经济危机。表明经济繁荣只是生产周期的一个阶段，是暂时的，而经济危机是资本主义发展不可避免的产物，只要资本主义生产还在进行，经济危机就会周期性地发生。马克思的这一结论打破了资产阶级关于"千年王国"的迷梦，无情地嘲讽了资产阶级乐观主义者的盲目乐观与自信。文中所提出的资本主义生产周期、经济危机的理论为马克思在《资本论》中加以吸收、发展与完善。

　　　　　　——《马克思恩格斯全集》第 8 卷

人民出版社 1956 年～1985 年版，

第 416 页～423 页

《揭露科伦共产党人案件》

　　全文约 5.8 万字。马克思写于 1852 年 10 月底至 12 月初，1853 年以小册子《揭露科伦共产党人案件》发行于巴塞尔。

　　1848 年的德国革命失败后，封建势力恢复了在德国的统治。1851 年普鲁士警察当局"破获了"共产主义者同盟在科伦新成立的中央委员会，逮捕了共产主义者同盟的 11 名成员。在毫无令人信服的证据的条件下，以叛国罪判处 7 名"被告"3 年～6 年徒刑。制造所谓"科伦案件"。马克思力图通过这篇文章的写作和发表，说明科伦案件的真相，揭露普鲁士反动当局的各种卑鄙伎俩，抨击普鲁士的法律制度的虚伪与反动及整个国家体系的黑暗与腐败。文中马克思简单介绍了科伦案件的经过，揭露了普鲁士反动警察当局所采取的无理拖延审判日期、无耻地罗织虚假证据的卑劣行径，揭示了其反革命的丑恶面目。文中还分析了普鲁士社会法律的实质，指出它是维护统治阶级利益的工具。为了维护统治阶级的利益，这种反动的、虚伪的法律制度还出卖其尊严与荣誉。文中对整个警察官僚国家制度、对整个腐败的普鲁士国家体系进行了无情的抨击与批判。在文中第五节还驳斥了普鲁士当局利用"红色问答书"一事对马克思进行的攻击与诬蔑。马克思在文中分析了共产主义者同盟的性质与政治主张，指出共产主义者同盟的目的不是推翻现存的普鲁士政权，不曾犯下叛国罪，普鲁士当局对其成员的逮捕是非法行为。分析了共产主义者同盟中马克思派与维利希—沙佩尔集团分裂的原因。指出双方在革命时机成熟问题、在革命行动的策略问题上的深刻分歧。批评了维利希—沙佩尔集团的密谋、冒险的错误主张与行动，揭露了其在科伦案件中与普鲁士当局相互勾结的不光彩行径。

马克思在文中阐述了无产阶级革命的理论问题。指出在德国无产阶级与资产阶级共处于本国半封建政权的压迫之下，无产阶级革命的条件并不成熟。无产阶级应该先赞助资产阶级推翻封建统治，然后再开始同资产阶级决战，建立无产阶级的统治。文章指出了革命所具有的艰巨性与长期性，提出了无产阶级革命的策略问题，教导无产阶级要注意积蓄革命力量，等待革命时机成熟的到来，不要急于求成，犯冒险主义的错误。文章批判了维利希—沙佩尔集团的教条主义，在革命动力问题上错误的历史唯心主义唯意志论的观点。这些理论问题的阐述，对无产阶级革命运动的发展具有重大的指导意义。

——《马克思恩格斯全集》第 8 卷

人民出版社 1956 年～1985 年版，

第 457 页～536 页

《不列颠在印度统治的未来结果》

全文约 5200 字。马克思写于 1853 年 7 月 22 日，载于
1853 年 8 月 8 日《纽约每日论坛报》第 3840 号。

19 世纪 50 年代，马克思着重分析了英国在印度的殖民统
治，从中总结马克思主义关于民族殖民地问题的理论，以帮助
无产阶级制定正确的民族殖民地问题上的政策。本文和《不列
颠在印度的统治》、《东印度公司，它的历史与结果》这三篇文
章体现了马克思这一时期的研究成果。文中简单描述了印度的
自然社会状态，分析出印度社会存在着各种的不统一这一特
点，并指出这种不统一与印度遭受英国侵略占领之间有着直接
的联系。文章着重考察了英国在印度殖民统治的后果。指出英
国资产阶级为了自己的利益，在印度采取了一些具有进步意义

的措施。着重分析了铁路建设的巨大意义，指出它可以打破印度停滞不前的孤立状态，将印度纳入世界资本主义体系，促进印度工业的建立和发展；它还可以打破印度各地区之间的封闭、隔绝状态，促使传统的种姓制度瓦解。

马克思由此指出英国在印度的殖民统治担负着双重使命，它不但要破坏旧的亚洲式社会，而且还不自觉地为亚洲转变为西方式的社会奠定物质基础。同时还指出这一切不会给人民带来自由和幸福，只有英国无产阶级推翻了本国资产阶级的统治或是印度人民通过斗争取得民族独立，印度广大人民才会享受到英国殖民统治播下的新的社会因素所结的果实。文中揭露了英国资产阶级的野蛮本性，暴露了他们伪善的真面目，并指出在殖民地，他们的各种本性以最直接和最真实的方式得以体现，而在其故乡却还要装出一副很体面的样子。文章的最后分析了资本主义时代的矛盾性和两重性，指出资本主义时代为即将代替它的新世界创造了物质基础，为此人民群众必须遭受各种痛苦和牺牲。只有实现了伟大的社会革命，人类的进步才不会付出如此沉重的代价。

本文分析了英国在印度殖民统治已经产生和必将产生的后果，论述了英国殖民统治的双重历史使命。它和马克思其他几篇论述印度、中国、爱尔兰的文章一道阐述了马克思民族殖民地问题的理论，奠定了无产阶级制定正确的民族殖民地政策的理论基础。

——《马克思恩格斯全集》第 9 卷

人民出版社 1956 年～1985 年版，

第 246 页～252 页

《马克思致阿道夫·克路斯》

全文约 3500 字。马克思 1853 年 10 月 5 日写于伦敦。第一次发表在《马克思恩格斯全集》俄文第 2 版第 50 卷。马克思希望克路斯能尽力设法使他的《帕麦斯顿》第一篇在德文报刊上发表。还提到琼斯要去工厂区旅行宣传一事和伦敦德意志工人共产主义教育协会的情况。

这封信的主要内容是批判了凯里的地租理论,附带分析了李嘉图地租理论的片断。凯里认为,地租只是资本利润——利息的另一形式。在他看来,工资是直接的现在劳动的利润,而利润是过去劳动的工资,它们都是劳动的报酬。这就从根本上抹杀了资本与雇佣劳动、利润(和利息)与工资之间的对立,并用过去的物化的劳动支配当前的现实的劳动来代替资本压迫劳动的事实。凯里还错误地认为李嘉图的地租理论的基础是土地逐渐贫瘠化。实质上，李嘉图谈的不仅是土地的自然状况，即土地肥力，还包括土地所处的位置、社会成果、社会特点等。其中，在各类土地上投入等量的资本，在产品销售条件相同时，土地自然肥力的差别构成了地租水平的差异，这是因为产品价格决定于劣地的生产费用，好地便产生了地租。如果土地肥力不断增长，土地肥力低的部分就弃耕，地租仍决定于耕种土地最劣地的生产费用。如果土地肥力提高到只耕种一等地就可提供足够的产品时，地租就会完全消失——这是马克思后来讲的级差地租的第一种形式。马克思认为，李嘉图理论的基础不是地租学说，而是商品价格决定于其生产费用的规律。在最坏的条件下生产的商品决定所有其他同类商品的价格。这是由市场需求决定的。在这种情况下，必须抛开一般的价格规律，抛开资产阶级政治经济学的整个体系，以资本主义生产条件，以生产价格规律来分析地租。接着马克思认为质量、位置相同地块的地租完全取决于资本投入量的大小。这时，地租成为固定资本的利息，出现利润和利息之间，即食利者与工业资本家间、租佃者与地主间利益的对抗。最后，马克思批驳了凯里的三种收入（地租、利润、工资）从而三个阶级（工人、资本家、土地所有者）均等分享总产品增长带来的利益的观点。认为工人一开始就处于比资本家不利的地位，在总产品增长，

102

作为土地肥力提高的结果时，土地所有者又处于比资本家不利的地位，因而，各阶级收入的相对收入的提高或降低只能靠相互牺牲来实现，从而凯里"每一种收入的增加都可以不由劳动负担，而且不造成土地所有，资本家和工人的相互敌对"的结论是完全错误的。

——《马克思恩格斯全集》第 50 卷

人民出版社 1956 年~1985 年版，

第 417 页~422 页

《不列颠在印度的统治》

全文约 4700 字。马克思写于 1853 年 6 月 10 日，载于 1853 年 6 月 25 日《纽约每日论坛报》第 3804 号。

19 世纪 50 年代，东方国家反殖民统治的斗争日益高涨，马克思密切注视着这些运动的发展，并着重探讨了民族殖民地问题的理论。通过对中国、印度、爱尔兰等殖民地历史与现状的分析，阐述马克思主义关于民族殖民地问题的理论，以指导殖民地民族解放斗争。本文是关于印度的一篇文章。文中介绍了印度古老的村社制度，指出村社制度赖以存在的基础是家庭手工业与农业相结合的自给自足的自然经济，村社制度是东方专制制度的牢固基础。分析了这种村社制度对印度历史发展的消极影响。文章揭示了英国殖民统治给印度带来的巨大的灾难，指出"印度失掉了他的旧世界而没有获得一个新世界，这就使它的居民现在所遭受的灾难具有了一种特殊的悲惨色彩……"分析了英国殖民统治对印度整个社会结构的破坏，指出英国的入侵破坏了农业和手工业相结合的自给自足经济，破坏了在此基础之上建立的村社制度。同时又指出这种对印度社会结构的破坏造成了一场巨大的社会革命，没有这场革命，人类将不能完成自己的使命，而英国造成了这场革命，充当了历史的不自觉工具。文章揭露了英国对印度的强盗性掠夺，它极力压榨印度人民，夺取最后一点财富，而忽视了对印度至关重要的公共工程的建设，致使农业衰落下去；批判了英国野蛮的殖民政策。

本文深刻地阐述了马克思主义关于民族殖民地问题的理论，它和马克思其他几篇论印度、中国、爱尔兰的文章一起第一次奠定了无产阶级在民族殖民地问题上政策的理论基础。

——《马克思恩格斯全集》第 9 卷

人民出版社 1956 年～1985 年版，

第 143 页～150 页

《革命的西班牙》

全文约 3.7 万字。马克思写于 1854 年 8 月～11 月，载于 1854 年 9 月 9 日和 25 日，10 月 20、27 日和 30 日，11 月 24 日，12 月 1 日和 2 日《纽约每日论坛报》。

1854 年 6 月，在欧洲、亚洲进行克里木战争的同时，西班牙马德里发生了起义。马克思对这一事件十分重视，为了更好地分析这次革命的性质和特点，总结出革命的规律，马克思深入考察了 19 世纪以来西班牙革命运动的历史，并撰写了本文。

文章共分七个部分，回顾了西班牙起义由来已久的历史，着重介绍了 19 世纪以来的西班牙革命运动。分析了西班牙历史的特殊性及形成这些特殊性的原因，并探讨了它对西班牙革命的影响。文中表明在西班牙中央集权政治制度没有牢固的基础，地方自治在很大程度上仍然盛行并起着重要的作用。并指出造成这种特殊性的原因在于：欧洲其他大国的君主专制是作为文明的中心、社会统一的基础出现的，它使得城市放弃了地方自治而接受了资产阶级的普遍统治和市民社会的公共政权。而在西班牙，贵族仍保持封建特权，现代意义上的城市还未形成，经济衰落，国内交换缩小，各地区人民往来不频繁，造成了西班牙的地方生活、各省和各个公社的独立性及社会发展的不同步性。马克思在文中赞扬了人民群众所具有的强大生命力，高度评价了人民群众的伟大历史作用，指出他们使西班牙社会充满了生机和活力。每当统治阶级屈从于外族压迫时，他们却自发地掀起反抗异族统治的民族运动，成为革命发展的强大动力。马克思通过对西班牙革命历史的回顾，分析揭露了自由资产阶级的软弱性和革命的不彻底性，批判了他们限制人民群众的权利、对反动派妥协退让的反动政策。马克思在分析西班牙人民的反法斗争时总结了当时所有反法民族运动的特点：人民群众和统治阶级怀有不同的目的参加这场战争，人民群众是为了争取自身的解放而斗争，而统治阶级则是为了恢复自己昔日的特权而战。

　　马克思在文中还总结出民族革命的重要理论，指出民族斗争必须同深刻的内部社会改革和政治改革相结合。这一理论对于被压迫民族的民族解放运动有着重大的指导意义。文中还提出了革命斗争的策略问题，指出革命者为了革命的胜利，往往求助于旧的传统、旧的势力，但是这种策略最终会导致革命的失败。以此提醒革命者在斗争中要目光远大、深思熟虑，采取正确的斗争策略。

马克思在文章中通过对西班牙革命的回顾，总结出这些革命的普遍规律，批判了自由资产阶级的阶级局限性，高度评价了人民群众的历史作用，指出他们是革命发展的真正动力。并阐述了民族革命的重要理论：民族革命要同社会改革、政治改革相结合。分析了革命的斗争策略问题。这些对于科学社会主义理论的发展、对于指导世界民族革命运动有着重大的意义。

——《马克思恩格斯全集》第 10 卷

人民出版社 1956 年～1985 年版，

第 453 页～511 页

《阿伯丁内阁的倒台》

全文约 4900 字。马克思写于 1855 年 2 月 2 日，载于 1855 年 2 月 17 日《纽约每日论坛报》第 4316 号。

1855 年初英国阿伯丁联合内阁（阿伯丁联合内阁，又称"群贤内阁"。1852 年 12 月成立。由英国辉格党的一部分寡头政治家、皮尔分子、激进派和爱尔兰议员团的某些代表组成。这个内阁之所以存在，是因为它得到了爱尔兰旅，即在英国议会中拥有 60 多人的爱尔兰议员团的支持。在阿伯丁联合内阁成立时，阿伯丁首相给予克奥、萨德勒和蒙塞耳 3 个爱尔兰旅成员大臣职位，因此引起了一些爱尔兰议员的强烈抗议，并使该旅发生分裂。支持政府的爱尔兰议员依靠的是天主教上层僧侣、爱尔兰资产阶级和大地主。以达菲为首的爱尔兰旅的另一部分人依靠的是爱尔兰富裕佃农阶层，阿伯丁联合内阁存在到1855年。）倒台，马克思在许多文章中对此事进行了分析评论。本文描述了阿伯丁内阁由于在战争中的无能所引起的社会公愤及其辞职时所蒙受的耻辱。报道了各部门在议会辩论时互相攻击、推卸责任的情况。介绍并分析了约翰·罗素、罗巴克、帕麦斯顿等人的活动。揭露了英国统治阶级的胆怯、贪婪、追求权势、反复无常等本性，并批评了英国官僚机构中的因循守旧、效率低下，从而对英国的政治制度进行了批判。

——《马克思恩格斯全集》第 11 卷

人民出版社 1956 年～1985 年版，

第 38 页～45 页

《18 世纪外交内幕》

全文约 5.6 万字。马克思撰写于 1856 年 6 月～8 月，部分发表于《设菲尔德自由新闻报》，在 1856 年 8 月至 1857 年 4 月全文发表于伦敦《自由新闻》，并分别于 1899 年、1969 年在英国出版单行本。

1856 年，马克思在英国博物馆保存的外交手稿中，发现一些从彼得一世起英国政府同俄国政府秘密勾结的文件。马克思曾计划利用这些文件撰写一部关于 18 世纪英国和俄国外交史的巨著来揭露两国的卑鄙行径，但只写成这部巨著导言，即本篇文章。

17 世纪末，俄国为取得出海口开始向黑海沿岸地区进行扩张。从 1735 年秋开始，俄国女皇安娜联合奥地利皇帝查利六世发动对土耳其的战争继续扩张。1736年俄军的进攻使土耳其陷入非常困难的境地，土耳其向英国和荷兰求助，请求它们出面调停。

本文第一部分的第一个文件就是摘自驻彼得堡的英国公使写的关于他游说俄国同土耳其言和所作的努力，以及他本人的看法和俄国人的态度的信件。在1756年～1763年英国和普鲁士联合反对俄国所支持的法国和奥地利的七年战争后，俄国国际地位极大提高。法国和奥地利极为不满，联合土耳其、波兰和瑞典反对俄国。而俄国女皇叶卡特琳娜二世则计划组织"北方国家"的联盟对抗法奥同盟，1764年、1765年俄国先后与普鲁士、丹麦缔结联盟条约，并以同英国缔结俄英通商条约为条件诱使英国结盟，支持它在土耳其的战争。第一部分的第二个文件谈了有关俄国同丹麦、瑞典、普鲁士和法国的关系及英俄之间缔结通商条约和结盟的情况。英国同它的北美殖民地的战争爆发后，法国、西班牙、荷兰先后向英国宣战，而俄国、瑞典、丹麦、普鲁士则组织武装中立联盟支持英国。1781年英国战败，进行同美国及其盟国缔结和约的谈判。为此英国谋求俄国女皇叶卡特琳娜二世的支持。第三个文件讲了英国官员争取俄国女皇信任及支持的情况。第一部分的第四个文件是有关俄国女皇叶卡特琳娜二世突然去世导致英俄同盟破裂的情况。

马克思在文章的第二部分首先就第一部分所刊载的文件进

行了简明扼要的分析和说明，提出了"这种在18世纪已成为传统惯例的英国外交的亲俄性质是从什么时候开始的"的问题，并由此回溯到彼得大帝时期。1715年，俄国、丹麦、波兰、普鲁士、汉诺威缔结北方联盟瓜分瑞典帝国。英国国王作为汉诺威选侯也参加了瓜分。同盟国夺取瑞典帝国的德意志省份后，在1716年准备入侵瑞典本土，对肖楠进行武装袭击。但当入侵肖楠一切准备就绪时，彼得大帝却只同意派出少于规定派出人数的部队执行攻击任务，从而破坏了这次袭击。丹麦宫廷就这次破坏事件及交涉的情况作了公开说明。马克思在文中摘录了小册子《北方危机》。《北方危机》记述推迟肖楠袭击的事件，并详细表明"沙皇如何从原先那样微不足道的小东西经过难以想象的，简直无法克服的种种困难而成为现在这样一种庞然大物"。指出了俄国沙皇对整个欧洲安宁构成威胁。

马克思在文章的第三部分列举了18世纪的前60年英国对俄国、瑞典贸易统计资料，得出当时英俄贸易只不过是英国贸易额度中很小部分的结论，马克思指出所谓受商业利益支配的对外政策虚有其表，敌视瑞典支持俄国的行动并没有扩大英俄贸易规模。马克思还指出荷兰因为失去贸易和海上的优势而不得不把资金、人力投放到俄国，在亲俄和敌视瑞典上走在英国的前面。1700年，英国同瑞典签订结成防御同盟条约，但实际上英国对瑞典采取了敌对行动。

文章的第四部分是马克思摘要发表的题为《防御条约》的匿名小册子。小册子以提出疑问方式根据英国与瑞典防御条约逐条对英国的行动进行评述。发现在条约未被废除和英国未对瑞典宣战情况下，英国不断"支持俄国并通过密谋或以公开力量对瑞典作战"。

　　在文章的第五部分，马克思对俄国政治的历史进行了概括性回顾，并指出彼得大帝是现代俄国政策的创立者。

　　马克思在文章的第六部分叙述了彼得大帝使俄国"从一个半亚洲式的内陆国家转变成为波罗的海至高无上的海上强国"的情况，"持续 21 年之久的对瑞典战争，几乎占据了彼得大帝的全部军事生涯"。而据守着波罗的海门户的海上强国英国，在俄国与瑞典的争斗中、在俄国的巨大变化中，成为俄国最强有力的工具。

　　马克思简要地剖析了与彼得大帝同时代英国人写的题为《真理合乎时宜才是真理》的小册子，小册子讲到波罗的海诸省归还给瑞典符合大不列颠的政治利益和商业利益的要求，而曾受到英国支持的俄国沙皇将不同意退出波罗的海和仅仅拥有商船，因此，为了各自的利益，英国和俄国的战争不可避免。马克思以分析这篇小册子结束这篇导言。

——《马克思恩格斯全集》第 44 卷

人民出版社 1956 年～1985 年版，

第 253 页～330 页

《导言（摘自 1857 年～1858 年经济学手稿）》

全文约 2.1 万字。马克思写于 1857 年 8 月底至 9 月中旬，首次发表于 1902 年～1903 年《新时代》杂志第23 期～25 期（第 1 卷）。

《导言》是马克思《1857 年～1858 年经济学手稿》的开头部分。1857 年马克思计划写一部研究资本主义生产方式的所有问题的经济学巨著，并对资产阶级政治经济学进行批判，但是马克思后来改变了原来的计划。《导言》是原定要写的这部著作的《总导言》草稿，它是 1902 年在马克思的遗稿中被发现的。《导言》探讨了政治经济学的对象问题，强调了生产的历史性，指出"生产，总是指一定社会发展阶段上的生产"。马克思批判了资产阶级经济学家把现存社会关系永恒化、理想化的企图以及割裂生产与分配的关系的错误，指出"每种生产形式都产生出它所特有的法权关系、统治形式等等"，阐明了生产在社会经济生活中的决定作用的原理。《导言》揭示了政治经济学的研究方法，指出在考察经济范畴和经济关系时，要看"它们在现代资产阶级社会内部的结构"。马克思肯定了社会生产方式的决定作用，认为"在一切社会形式中都有一种一定的生产支配着其他一切生产的地位和影响，因而它的关系也支配着其他一切关系的地位和影响"。马克思提出了逻辑和历史相一致的思想，论述了剖析资本主义社会对认识历史的意义，他认为，"资产阶级社会是历史上最发达的和最复杂的生产组织。因此，那些表现它的各种关系的范畴以及对于它的结构的理解，同时也能使我们透视一切已经覆灭的社会形式的结构和生产关系"。"人体解剖对于猴体解剖是一把钥匙。低等动物身上表露的高等动物的征兆，反而只有在高等动物本身已被认识之后才能理解"。《导言》分析了艺术与社会的关系，对艺术作了精辟的论断，指出艺术是"通过一种不自觉的艺术方式加工过的自然和社会形式本身"，并揭示了作为社会意识形式之一的艺术在一定历史条件下的特殊发展规律。

《导言》反映出马克思主义政治经济学形成中的重要阶段，这里提出的一系列重要原理，后来在《资本论》等著作中得到了进一步的阐述和发展。《导言》虽然不是最后完成的作品，但是它思想深刻，具有很高的科学价值。

人民出版社 1956 年～1985 年版，

第 733 页～762 页

《政治经济学批判》

全文约 12 万字。马克思写于 1858 年 8 月至 1859 年 1 月，原文是德文。马克思于 1858 年初写完了《1857 年～1858 年经济学手稿》后，决定分册出版自己的著作，他与柏林出版家弗兰茨·敦克尔签订了合同后，就着手写作第 1 分册。1859 年 1 月，马克思写成此书，定名为《政治经济学批判》，并于 1 月 26 日寄给柏林的出版者。2 月，马克思又寄去了序言。6 月 11 日，该书在柏林出版，印数为 1000 册。本书的《序言》对马克思主义唯物史观作了天才的表述，对历史唯物主义基本原理作了经典性的说明。

马克思指出，人们在社会生产中必然要结成与物质生产力的一定发展阶段相适应的生产关系，它是决定其他一切关系的基本关系，生产关系的总和构成社会的经济基础，"即有法律的和政治的上层建筑竖立其上并有一定的社会意识形式与之相适应的现实基础"。马克思阐明了关于社会生产方式决定社会发展、社会存在决定社会意识的原理，指出"物质生活的生产方式制约着整个社会生活、政治生活和精神生活的过程。不是人们的意识决定人们的存在，相反，是人们的存在决定人们的意识"。马克思揭示了生产力与生产关系、经济基础与上层建筑的辩证关系，指明了科学地研究社会经济形态的发生、发展和衰落的过程的线索和途径。马克思表述了生产关系一定要适应生产力性质的规律，阐明了关于在社会发展的一定阶段上产生的生产力与生产关系的矛盾是社会革命的基本动力的原理，揭示了一种社会经济形态为另一种比较进步的社会经济形态所代替的历史必然性，从而指明了社会发展的根本原因。马克思还指出，"无论哪一个社会形态，在它们所能容纳的全部生产力发挥出来以前，是决不会灭亡的；而新的更高的生产关系，在它存在的物质条件在旧社会的胎胞里成熟以前，是决不会出现的"。马克思认为"资本主义的生产关系是社会生产过程的最后一个对抗形式"，它必然会灭亡，为更高级的社会形态所代替。马克思研究了政治经济学中的商品、劳动、价值、货币等问题，批判了资产阶级经济学家关于商品和价值是永恒的自然范畴的观点，论证了商品和价值在历史上的暂时性质，指出

119

劳动产品是在一定社会条件下才具备商品的性质，商品生产是在一定的历史阶段上产生的，并在发展过程中经历了从简单到复杂的不同阶段。马克思揭示了商品的二重性，即使用价值和交换价值的矛盾，指出它反映了商品生产者的私人劳动和社会劳动之间的矛盾，这个矛盾的发展及其扩展表明商品和货币之间的关系是一个自然历史过程。马克思认为，商品是资本主义经济的细胞，其中包含着资本主义一切矛盾的萌芽。马克思研究了创造价值的劳动的特殊社会性，证明了体现在商品中的劳动的二重性，并指出商品中所包含的矛盾是由生产商品时所耗费的劳动的矛盾性质决定的。马克思通过对商品和劳动的研究发展了他的价值学说，指出了资产阶级经济学家在商品交换中只看到物的关系的局限性，深刻揭示了在价值交换中隐藏在物的外壳之下的人与人之间的社会关系。马克思阐明了价值的本质，指出价值是物化了的抽象劳动，论证了商品的价值量是由生产商品所需要的社会必要劳动所决定的原理。本书揭示了货币的起源，阐明了价值和货币的内在联系，对货币的本质进行了科学的说明，指出货币是价值形式的历史发展的必然结果，货币的实质就是从商品中分离出来并代表一切商品的交换价值的一般等价物。马克思揭示了货币的各种职能，阐明了金属货币和纸币流通的规律。通过对货币本质的剖析，马克思揭露了商品货币拜物教观念的根源，批判了资产阶级经济学家关于货币问题的各种理论，指出"商品和货币的对立是资产阶级劳动所包含的一切对立的抽象的一般的形式"，那种企图通过取消货币的办法来改良资本主义，消除资本主义社会根本矛盾的理论是一种不切实际的空想。马克思认为，解决资本主义社会矛盾的根本办法是消灭资本主义制度本身。

本书是马克思最杰出的经济学著作之一，是马克思主义政治经济学形成过程中的一个重要的里程碑，它标志着马克思对资本主义经济制度和对资产阶级政治经济学理论的批判的一个重要阶段，为无产阶级推翻资本主义社会的革命和斗争提供了锐利的思想武器。本书为无产阶级政治经济学理论体系的发展奠定了理论基础，书中的许多重要原理，在《资本论》一书中得到了进一步的阐发，成为剩余价值学说的理论基石。这部著作是马克思主义关于商品分析史、价值学说史和流通手段学说史的经典文献，是论述资本主义制度下的货币问题的最优秀的学术论著，它和《资本论》第 1 卷一起，使政治经济学这门科学革命化了（列宁语）。

——《马克思恩格斯全集》第 13 卷

人民出版社 1956 年～1985 年版，

第 3 页～177 页

《欧洲战争的前景》

　　全文约 2600 字。马克思写于 1859 年 1 月 11 日，载于 1 月 31 日《纽约每日论坛报》。文章分析了欧洲各个主要国家的政治经济形势和国际关系，指出欧洲正笼罩着战争的阴云：意大利正在进行反对奥地利统治、争取民族解放的运动，奥地利企图以武力镇压意大利人民的斗争；俄国试图重新争夺欧洲霸权，利用对外战争的胜利来解决国内的危机；法兰西第二帝国的基础正在消失，波拿巴统治集团企图扮演"意大利的解放者"的角色，发动一场新的对外战争来防止国内革命的爆发。马克思认为，欧洲战争的爆发将会引起人民的革命，俄国会发生农民起义，而法国在战场上的任何失败都将成为第二帝国的丧钟。

　　　　　　　　——《马克思恩格斯全集》第 13 卷

　　　　　　　人民出版社 1956 年～1985 年版，

　　　　　　　　　　　第 185 页～188 页

《奥地利、普鲁士和德国对战争的态度》

全文约 3700 字。马克思写于 1859 年 5 月 10 日，载于 1859 年 5 月 27 日《纽约每日论坛报》第 5647 号。

1859 年 4 月底，意大利战争爆发，马克思从 5 月 10 日～24 日写了三篇关于意大利战争的文章，即《奥地利、普鲁士和德国对战争的态度》、《维也纳要闻》和《普鲁士对战争的看法》。在本文中，马克思阐述了奥地利、普鲁士和德意志对意大利战争的不同态度。作为侵略者的奥地利十分注意意大利的局势。由于战争的来势看起来很凶猛，但进展却很缓慢，奥地利人民产生了"不耐烦和失望的情绪"，而政府则"惶惶不安地注视着意大利各小国中的局势"。普鲁士在战争问题上采取了"漠不关心的、犹豫不决的"立场，虽然舆论的强烈要求迫使它进行武装。由于它认为"奥地利的覆灭会帮助普鲁士建立起一个在霍亨索伦王朝统治下的德国"。它虚伪地声称战争将局限在意大利，并坚决地劝告德意志各邦在战争问题上慎重和小心。德意志各邦宣称，严重威胁德国安全的时刻已经到来，因此不能再无所作为了。在文章中，马克思还批判了普鲁士政府的同盟者：宣扬中立的亲俄派；从属于波拿巴制度的，以《科伦日报》为代表的党派和"被拿破仑的金币收买了"的，装着愤慨奥地利暴行的德国冒牌民主派在战争问题上的错误立场。

——《马克思恩格斯全集》第 13 卷

人民出版社 1956 年～1985 年版，

第 359 页～364 页

《工资、价格和利润》

　　全文约 2.8 万字。马克思写于 1865 年 5 月底至 6 月 27 日。这部著作是马克思于 1865 年 6 月 20 日和 27 日在总委员会会议上用英语作的报告。该报告在马克思、恩格斯在世时没有发表。1898 年由马克思的女儿爱琳娜以《价值、价格和利润》为题首次以单行本形式在伦敦发表。

　　这篇报告是由于委员会委员约翰·韦斯顿 5 月 20 日和 23 日的发言引起的。韦斯顿在发言中企图证明，货币工资水平的普遍提高对工人阶级没有好处，并由此得出工会"有害"的结论。马克思分别在 5 月 20 日和 27 日总委员会的非常会议上报告了报告的第一和第二部分。这部经济学著作由几点说明和 14 节正文组成。"几点说明"扼要介绍了这份报告产生的原因。正文14节，根据马克思的说明可以分作两个部分："第一部分是答复韦斯顿的胡说"；第二部分是"预先从我的书中取出的许多新东西"。第一节至第五节为第一部分，第六节至第十四节为第二部分。第一部分5节主要批判韦斯顿发言所依据的前提、基本论点以及他所采取的立场，深刻地揭露了韦斯顿错误的实质及其理论根源。第一节"生产和工资"驳斥了韦斯顿反对提高工资的两个前提。韦斯顿认为国民产品量和实际工资总额是固定不变的两个常数。马克思指出韦斯顿的立论前提是根本站不住脚的。即使按照他的原则，从另一方面看，"工人对资本家降低工资的企图或对事实上的工资降低的现象进行反对，是做得正确的"。因为"任何一种反抗降低工资的行动都是一种争取增加工资的行动"。所以"他们力求增加工资也是做得正确的"。第二节"生产、工资、利润"批驳了韦斯顿的基本论点，"即从上面两个前提出发，增加工资必然会引起物价上涨，工人为提高工资而斗争是徒劳无益的"。马克思从理论上并结合历史事实批判了这个错误观点，指出："工资水平的普遍提高除了引起利润率的普遍下降外，终归不会引起任何别的后果。"第三节"工资与货币"批驳了韦斯顿反对提高工资的另一个论据，韦斯顿认为货币数量是固定不变的，工资的提高会引起货币的不足。马克思运用货币流通规律的一般原理及大量事例，说明他的结论是"一种和日常生活矛盾的荒谬

127

绝伦的错误"。第四节"供给和需求"批驳韦斯顿反对提高工资或是反对因工资提高而产生高工资的错误。指出韦斯顿不懂得衡量工资水平的客观标准。阐述了马克思关于工资的观点：工资不是由劳动力的供求关系决定的，而是由劳动力价值决定的。第五节揭露了韦斯顿"理论"的实质及根源。韦斯顿认为"商品的价格是由工资来决定和调节的"。马克思批判韦斯顿的这种观点只不过重复了资产阶级庸俗经济学的"陈旧不堪的虚伪学说"。批评他对劳动价值论一窍不通。第二部分马克思着重阐述了政治经济学的基本问题和工人运动应该遵循的路线。第六节"价值和劳动"马克思扼要地阐明了劳动价值论的基本原理，划清了劳动价值论同"商品价值由工资决定"的界限，并为分析剩余价值的产生奠定了理论基础。第七节"劳动力"，论述了劳动力成为商品是剩余价值产生的先决条件，而劳动者被剥夺生产资料是劳动力成为商品的先决条件，阐述了"劳动力的价值，是由生产、发展、维持和延续劳动力所必需的生产资料的价值来决定的"。第八节"剩余价值的生产"通过对资本主义生产过程的分析，揭示了剩余价值的来源和资本家剥削的秘密。第九节"劳动的价值"，分析了资本主义工资的本质，批判了劳动本身具有价值这一谬论。指出工资是劳动力价值或价格的转化形式，揭露了雇佣劳动报酬采取工资形式的欺骗性。第十节"利润是按照商品的价值出卖商品时获得的"，揭示了利润的来源，说明了利润是工人劳动创造的剩余价值的转化形式，资本家获取的利润不是因为贱买贵卖产生的，而是"出卖耗费在该商品上的全部劳动量的结晶"而获得的。第十一节"剩余价值分解成的各个部分"论述了剩余价值的分配。分析了剩余价值是如何分解为产业利润、利息和地租的。说明了资本主义社会各个剥削阶级或剥削集团的收入都是源于剩余价值。第十二节"利润、工资和价格间的一般关系"是对第一部分五节的一个小结。综合分析了工资、利润、价格三者间的一般关系，说明工资的变化不会影响商品的价值。再一次批驳了韦斯顿的提高工资会引起物价上涨的谬论。第十三节"争取提高工资或反对降低工资的一些最重要场合"深刻分析了工人阶级进行经济斗争的经济根源，说明工人阶级在工资问题上进行斗争的必要性，指出这种斗争不过是反对资本家加强剥削的一种反抗行动，是雇佣劳动制的必然产物。第十四节是全文的总结。马克思分析了经济斗争的必要性，同时也指出了它的局限性。认为经济斗争至多只能暂时改变一下工人受剥削的状态，不能从根本上改变工人阶级的地位，"只是在用止痛剂，而不是在除病根"。马克思认为必须"在自己的旗帜上写上革命的口号'消灭雇佣劳动制度！'"只有推翻资产阶级的统治，建立无产阶级的统治，才是工人阶级获得彻底解放的唯一道路。

这部文献是马克思为无产阶级写的一部重要的理论著作，是指导工人运动，反对资产阶级改良派和机会主义的一篇光辉文献。它深刻地分析了资本主义制度下的经济关系、阶级关系。阐明了无产阶级与资产阶级根本对立的经济根源，揭示了资本主义发展的历史趋势和无产阶级的历史使命，为工人运动指明了方向，为无产阶级制定革命路线、方针和策略提供了科学的依据，是无产阶级消灭雇佣劳动制度的强大思想武器。

——《马克思恩格斯全集》第 16 卷

人民出版社 1956 年～1985 年版，

第 113 页～169 页

《价值形式》

全文约2万字。马克思写于1867年6月17日，同月22日完稿。1867年9月正式问世。马克思在《资本论》第1卷第2版跋中提到，这个附录是路·库格曼建议他写的。

1867年春天，库格曼读完《资本论》第1卷的校样以后建议说，大多数读者需要有一个关于价值形式的更带讲义性的补充说明。恩格斯也有类似的意见。1867年6月16日，恩格斯就马克思本月3日的来信给他复信说：我"简直得不到安宁"，因而"很少能安安静静地研究价值形式"。但恩格斯还是就第1卷附录中叙述的价值形式问题提出了自己的看法。他说，和《政治经济学批判》比较起来，关于价值形式的论述，"在辩证发展的明确性上，前进了一大步，但是就论述本身来说，我更喜欢第一种形式的某些地方"。恩格斯还说，你"至多可以把这里用辩证法获得的东西，从历史上稍微详细地加以证实，就是说，用历史来对这些东西进行检验，虽然这方面最必要的东西都已经说过了"。恩格斯批评马克思"造成了一个很大的缺陷"，这就是"没有多分一些小节和多加一些小标题，使这种抽象阐述的思路明显地表现出来"。他建议马克思："分成简短的章节，用特有的标题来突出每一个辩证的转变，并且尽可能把所有的附带的说明和例证用特殊的字体印出来。这样，看起来就有可能有点像教科书，但是对广大读者来说要容易理解得多。"

马克思辩证地接受了库格曼和恩格斯的建议。1867 年 6 月 22 日，马克思致信恩格斯，说，关于价值形式问题，"我是既接受了你的建议，又没有接受你的建议，因为我想在这方面也采取辩证的态度。这就是说：第一，我写了一篇附录，把这个问题尽可能简单地和尽可能教科书式地加以叙述；第二，根据你的建议，把每一个阐述上的段落都变成章节，等等，加上特有的小标题"。并说他要告诉读者，应先读这个"附录"。

马克思在这里对货币形成史这个经济学上最重要最复杂的问题之一，作了科学而又通俗易懂的说明，把大段的论述分成了一些小节，用特有的标题突出了每一个辩证转变，使抽象阐述的思路明确地表现了出来。文中，马克思通过对简单价值形

132

式的具体分析阐明了体现在商品中的价值和使用价值的矛盾如何发展为外部对立；通过分析价值形式的发展过程，即从简单价值形式到扩大价值形式，到一般价值形式，直到货币价值形式，阐明了货币的起源和本质，说明了商品价值关系中包含的价值表现，怎样从最简单的最不显眼的样子一直发展到炫目的货币形式的"货币之谜"。

（一）文中分析的第一个问题是"简单的价值形式"。"一切价值形式的秘密都隐藏在这个简单的价值形式中"。最简单的价值形式是由这种商品和任意的另一种商品之间的价值关系建立起来的，而正是通过这种关系使得这种商品有了最简单的价值形式。（1）价值表现的两极：相对价值形式和等价形式。相对价值形式处于主动地位和主动作用，正是它要求表现自己的价值，因为价值是抽象的，它无从自我表现，必须用另一个商品来表现，这样人们就知道它的价值了。由于它的价值不是自我表现而是由另一个商品相对表现出来的，因此，这个商品在价值关系中就起相对价值形式的作用。在另一端即等价形式处于被动地位，起被动作用，因为它是被当作表现相对价值形式的材料来利用的，因此它在价值关系中就起了等价物或等价形式的作用了。一个商品究竟是相对价值形式还是等价形式不是固定不变的，要看它在价值关系中的地位和作用来决定。（2）相对价值形式。①相对价值形式的内容，就是藏在表面的数量关系背后的实质。不论 20 码麻布值多少件上衣，实质上它和这些上衣都具有价值，并且相等。两者都是商品，都有价值，所以才能交换，价值关系的等式才成立。在上例中，上衣是等价物，是表现麻布价值的材料，因此它当然是价值物，没有这个前提，它就不能起这种作用。另一方面，麻布的价值也显示出来了，证明它是价值物，否则它就不能用上衣作为自己的等价物。通过上例的交换，麻布和上衣都成了商品。20 码麻布值 1 件上衣，通过这个价值关系，上衣用自己的自然物质形式表现出麻布的价值：20 码麻布的价值和 1 件上衣相同。或者说麻布利用上衣的使用价值来表示自己的价值，这样，原来抽象的价值就具体化了，可以捉摸了。②相对价值形式的量的规定性。马克思指出，价值关系中包含着相对价值形式的量的规定性。"麻布作为一定量的价值，作为一定的价值量，它可以通过它与其他商品体相等的那一定的量的关系或比例来计量"。（3）等价形式。等价形式就是在交换中充当价值表现材料，即被用来显示其他商品价值的商品。文中指出，等价形式有四个特点。第一个特点是，"使用价值成为其对立面价值的表现形式"。相对价值形式的价值不能自我表现，必须靠另一个商品来相对地表现，这表明一定要有社会关系即交换为条件。等价形式却不同，它被当作价值表现材料就是以它是当然的价值物为前提的，因而似乎它天然就具有价值。第二个特点是，"具体劳动成为它的对立面即抽象人类劳动的表现形式"。生产等价物商品的劳动当然具有二重性，既是具体劳动，又是抽象人类劳动，商品交换等式中，等价物表明了处于相对价值形式的商品也是抽象人类劳动的结晶，并且两种商品所花费的人类劳动相同。这样处于等价形式地位的商品就用自己的具体劳动表现了处于相对价值形式的商品的抽象人类劳动，并使之中所含的看不见的抽象劳动具体化。生产两种商品都花费了一定的人类劳动，并不神秘。但是在价值表现上，即，只有在两者处于交换关系中时，才能证明自己是抽象人类劳动的凝结；没有交换，人们就不会承认其劳动的价值。"那么，这种联系就神秘起来了"。"等价形式的第三个特点：私人劳动成为它的对立面的形式，成为直接社会形式的劳动"。在私有制的条件下，生产商品是个人的私事，但它又是为了交换，为了提供给社会而生产的，所以它又具有社会性。不过，这种社会性只有当商品卖出才算被社会承认。进而等价物商品由于在价值形式中被当作价值表现材料，作为商品和价值物已经受到了社会的当然承认，所以虽然它是私人劳动的产物，它的劳动的私人性质却具有了直接的社会性。"等价形式的第四个特点：商品形式的拜物教在等价形式中比在相对价值形式中更为明显"。相对价值形式表明，"一物与另一物的价值关系，不过是它隐藏着的某种社会关系的表现形式"。等价形式则相反。它恰恰在于，一个商品的物体形式或自然形式直接充当社会形式，充当其他商品的价值形式。因为在商品 A 的价值表现中，等价形式是商品 B 天然具有的，所以即使在这关系之外，等价形式也似乎是天然属于商品 B 的。由此就产生了例如金的神秘性。（4）简单价值形式的总体。马克思指出，"交换价值是商品价值的独立的表现形式"，"商品的简单价值形式是商品中所包含的使用价值和交换价值的对立的简单表现形式"，"潜藏在商品中的使用价值和价值的内部对立，通过外部对立，即通过两个商品的交换关系表现出来，在这种关系中，一方只是直接被当作使用价值，而另一方只是直接被当作交换价值，或者说，在这种关系中，使用价值和交换价值这两个对立的规定，分别处在作为两极的商品上"。简单的价值形式和偶然的交换关系相适应。随着交换的发展，一种商品逐渐可以和更多的商品交换，它的价值形式也相应增多而形成为一个系列。

（二）马克思接着分析的第二个问题是"总和的或扩大的价值形式"。（1）扩大的相对价值形式。"现在，一种商品例如麻布的价值表现在商品世界的其他一切元素上"，商品麻布不仅可以和上衣一种商品而且可以和整个商品世界的任何一种商品交换了。这就进一步证明：①不论商品的自然形态有何不同，它们都具有一个共同点：都是抽象的、一般人类劳动的凝结——价值物；②商品的价值和它借以表现的使用价值的特殊形式无关，麻布的价值可以表现为任何一种物；③两种商品的交换比例可能是偶然的，所有商品都可以按一定比例互相交换，就表明其中必然有规律性——等价交换。（2）特殊等价形式。所有和麻布交换的商品，都是它的等价物，它们各以自己的特殊自然形式并列在一起，用使用价值表现麻布的价值。同样，它们也各以自己的特殊具体劳动作为麻布所含的抽象劳动的表现形式。（3）总和的或扩大的价值形式的缺点。①商品的价值表现是无限延长的；②和各种商品按不同比例进行交换，关系是复杂的；③在交换中每种商品都各有自己的一系列等价物，而事实上又只能和一种商品交换，采取一种特殊的价值形式，由于不统一，往往使交换发生困难。

（三）由此马克思分析的第三问题是一般价值形式。马克思指出，一般价值形式可以用倒转过来的扩大的价值形式来表示，既然一种商品可以和其他一切商品交换，就包含着一种可能，即其他一切商品都统一地只和这种商品交换，把它当作共同的价值形式。这是商品生产者为克服扩大价值形式的缺点，经过长期历史的实践才逐渐解决的。（1）价值形式变化了的性质。和前两种价值形式相比，一般价值形式的特点是：简单而且统一。在简单价值形式上，一种商品偶然以另一种商品作为价值形式，因此表现是不明确的。在扩大的价值形式上，一种商品可以用许多商品作为价值形式，表现虽然明确了，却又很杂乱。现在各种商品都以某一种商品作为共同的价值形式，价值表现不但明确，而且统一，这样商品就能够以价值来相互发生关系了。各种商品的价值不仅和自身的使用价值相区别，而且和其他商品的使用价值也都不同了，从而表现为是一切商品所共有的东西。通过这种商品交换，一切商品不仅表明是价值，而且也表明在量上可以比较。"特殊等价形式现在进一步发展为一般等价形式。或者说，处在等价形式上的商品现在是一般等价物"。等价形式的发展程度和相对价值形式的发展程度相适应，前者是后者的表现和结果。正是由于相对价值形式由简单的发展到扩大以至一般的价值形式，一种商品的等价物才由个别的到一系列特殊的，以至各种商品都以某一种特殊商品作为一般等价物。相对价值形式再继续发展，一般等价物即将相应发展为货币形式了。（2）从一般价值形式到货币形式的过渡。马克思指出，在商品形式的历史发展中，一般等价形式可以交替地时而属于这种商品，时而属于那种商品。而为了取得完成的商品形式，劳动产品必须取得统一的、一般的相对价值形式。但是，它们之所以能够获得这种统一的相对价值形式，只是由于把某种一定的商品作为一般等价物从它们自身的系列中排挤出来。而只有从这种排挤最终被限制在一种特殊商品上的时候起，统一的相对价值形式才获得客观的固定性和一般的社会效力。"有一种商品在历史过程中夺得了这个特权地

138

位，这就是金"。因此，"等价形式同这种特殊商品的自然形式社会地结合在一起，这种特殊商品成了货币商品，或者执行货币的职能"。

（四）马克思在文中分析的最后一个问题是货币形式。（1）从一般价值形式到货币形式的过渡同以前的各个过渡之间的区别。以前每一种价值形式的过渡，都发生了本质的变化，而从一般价值形式到货币形式的过渡，"只是金代替麻布取得了一般等价形式"。金之所以能取得这种特殊地位，是因为它原来就是商品，在交换的发展历史过程中早就充当过个别等价物、特殊等价物和一般等价物，只是在最后才排挤掉其他商品而独占了这个位置。（2）从一般的相对价值形式到价格形式的转化。一种商品（如麻布）在已经执行货币商品职能的商品（如金）上的简单的相对的价值表现，就是价格形式。（3）货币之谜。通过对价值形式发展的历史分析，马克思就揭开了货币之谜：货币是商品，是当作一般等价物的商品。它体现着商品生产者之间的生产关系。《价值形式》首次是作为1867年9月问世的《资本论》第1卷德文第1版的附录发表的，后来，这个附录经过删减被合并到《资本论》第2版的正文中去，但这个附录本身仍然保持着独立的科学价值。马克思曾指出，价值形式这一部分"对全书来说是太有决定意义了"，因为，"最简单的商品形式……就包含着货币形式的全部秘密，因此也就

139

包含着萌芽状态中的劳动产品的一切资产阶级形式的全部
秘密"。

马克思对价值形式的深入分析构成了劳动价值理论的最重
要的内容，也为剩余价值理论、资本主义再生产理论奠定了基
础，因此，《价值形式》在马克思经济学创作史上具有极为重
要的地位和意义。

——《马克思恩格斯全集》第 49 卷

人民出版社 1956 年~1985 年版，

第 149 页~176 页

《法兰西内战》

全文约 3.4 万字。这是马克思 1871 年 4 月~5 月为国际工人协会总委员会所写的就巴黎公社问题致欧洲和美国全体会员的宣言。

1871 年 3 月 28 日，为了支援巴黎无产阶级的革命斗争，马克思在国际工人协会总委员会会议上就建议以国际名义发表一篇告巴黎工人书，以表明国际工人协会对巴黎公社革命的态度。会议一致通过了这个建议，并委托马克思进行起草。以后，随着巴黎局势的发展，马克思认为单起草一个告巴黎工人书已经不够了，应当发表一篇面向全世界无产阶级的宣言。4 月 18 日，马克思在总委员会会议上建议向整个国际发表一项关于斗争的总趋向的宣言。这个建议又获得一致通过。会后，马克思就抱病开始了宣言的起草工作。他于 5 月上旬写出初稿。接着进行修改，于 5 月中旬写成二稿。随后进行第三次修改，写出了《法兰西内战》定稿。1871 年 5 月 30 日，即公社失败后两天，马克思在总委员会会议上宣读了这篇宣言，获得一致通过，6 月 13 日在伦敦用英文出版。1871 年～1872 年又出版了法、德、俄、意、西班牙和荷兰各种文本。1891 年，为纪念巴黎公社革命 20 周年而出版《法兰西内战》德文第 3 版时，恩格斯写了一篇《导言》。1938 年 1 月，延安解放社出版了吴黎平、刘云（张闻天）的中文译本。

《内战》共分四章。第一章的基本思想可分为两大部分：（一）马克思分析了法国 1870 年 9 月 4 日革命到 1871 年 3 月 18 日革命间国防政府和梯也尔政府的活动，揭露了这两个资产阶级政府的实质。马克思揭露，国防政府从其成立的那天起，就干着投降卖国的勾当。马克思还指出，正是梯也尔政府在进行投降卖国的同时，挑动了内战。"梯也尔要求巴黎放下武器。于是采用了一切办法来激怒巴黎"。（二）马克思详细剖析了国防政府和梯也尔政府投降卖国、挑动内战的原因，深刻揭示了它的阶级根源和经济根源。首先，这是资产阶级为了镇压无产阶级革命力量。其次，这是梯也尔、皮卡尔等人为了逃脱人民的惩罚。在这里，马克思揭露了梯也尔、厄内斯特·皮卡尔、茹尔·费里等人的罪恶历史。他指出："梯也尔是一个玩弄政治小骗局的专家，背信弃义和卖身变节的老手，议会党派斗争中施展细小权术、阴谋诡计和卑鄙奸诈的巨匠；他一失势就不惜鼓吹革命，而一旦大权在握则毫不踌躇地把革命浸入血泊。""他的社会活动编年史就是一部法国灾难史"。再次，这是资产阶级为了把战争重担转嫁到无产阶级和劳动人民身上。

第二章的基本思想可分为三个部分：（一）论述了3月18日巴黎无产阶级革命的经过。马克思指出，巴黎的革命武装是梯也尔政府实现其反革命阴谋的严重障碍。为了解除巴黎无产阶级的武装，他们首先对巴黎无产阶级发动了进攻。巴黎的无产阶级是在梯也尔把内战强加到他们头上时被迫起来反抗的。（二）分析了巴黎革命的经验教训。马克思把失败的经验教训归为两点。首先，没有立即向凡尔赛进军，彻底消灭梯也尔反革命集团。其次，没有坚决镇压反革命。3月18日革命后，中央委员会对巴黎的反动分子不但没有解除武装或逮捕下狱，反而让他们安然撤退到凡尔赛。对于3月22日旺多姆广场举行的反革命游行，中央委员会也"简直没有理会"。（三）驳斥了敌人对3月18日革命的诬蔑攻击。3月18日革命后，资产阶级的宣传机器进行了大量的造谣诽谤活动，他们捏造出许多暴行强加在巴黎无产阶级头上。马克思对此进行了驳斥。

第三章的基本思想可分为四个部分：（一）马克思揭露了

形形色色的国家政权的本质，肯定了巴黎公社革命打碎资产阶级国家机器的经验。他对法国资产阶级国家机器演变的历史，作了进一步的详尽考察。马克思认为，巴黎公社革命"是人民为着自己的利益重新掌握自己的社会生活。它不是为了把国家政权从统治阶级这一集团转给另一集团而进行的革命，它是为了粉碎这个阶级统治的凶恶机器本身而进行的革命"。（二）论证了巴黎公社是新型无产阶级政权。马克思指出："公社就是帝国的直接对立物。"他对巴黎公社所建政权的无产阶级性质进行了详细的总结和分析。第一，公社成立后，就首先发布命令"废除常备军而用武装的人民来代替它"。同时，公社"废除了'独立警察'，以公社的勤务员代替这些贼匪"。第二，公社的公职人员由人民群众选举或群众推荐产生，他们"对选民负责，随时可以撤换"；同时，"从公社委员起，自上至下一切公职人员，都只领取相当于工人工资的薪金"。第三，公社"是同时兼管行政和立法的工作机关"。第四，公社"宣布教会与国家分离，并剥夺一切教会所占有的财产"；"一切学校对人民免费开放，不受教会和国家的干涉"。第五，公社在《告法国人民书》中，制定了全国的组织纲要。它规定"公社应该成为甚至最小村落的政治形式"。总之，"公社给共和国奠定了真正民主制度的基础"，是无产阶级专政的"共和国的一定的形式"。（三）论述了巴黎公社是可以使劳动在经济上获得解放的政治形式。马克思指出："公社的真正秘密就在于：它实质上是工人阶级的政府，是生产者阶级同占有者阶级斗争的结果，是终于发现的、可以使劳动在经济上获得解放的政治形式。"公社要"根除阶级的存在所赖以维持、从而阶级统治的存在所赖以维持的那些经济基础"。马克思还高度赞扬了公社所实行的一系列有利于工人阶级和劳动人民的社会经济措施。马克思还高度评价了巴黎公社，宣布"公社的旗帜是世界共和国的旗帜"，并推倒了象征资产阶级沙文主义的旺多姆圆柱。马克思根据巴黎公社革命的经验指出，无产阶级为了实现自己的解放，实现共产主义，必须经历漫长的斗争过程。（四）马克思赞扬公社奇迹般地改变了巴黎的面貌。他说，革命后的巴黎已经成为一个"努力劳动、用心思索、艰苦奋斗、流血牺牲而又精神奋发地意识到自己的历史创造使命的巴黎"。

第四章的基本思想可以分为四个部分：（一）马克思揭露了梯也尔反对巴黎公社时玩弄的反革命两手策略。他"假装同巴黎议和，借以争取时间准备和巴黎作战"。当他一旦得手后，就声称："将手持法律走进巴黎"，迫使巴黎革命者"全部抵偿自己的罪责"。（二）马克思揭露了梯也尔集团镇压巴黎公社的罪行，戳穿了资产阶级的文明、正义的虚伪性。梯也尔的反动

145

军队进入巴黎以后，对巴黎革命者进行了疯狂的报复。他们先后杀死了 3 万名公社社员，5 万名社员被逮捕。（三）巴黎公社革命爆发以后，各国政府联合起来反对巴黎无产者。因此马克思指出："阶级的统治已经不能拿民族的外衣掩盖了；在反对无产阶级时，各民族政府是一致的！""欧洲各国政府在巴黎面前表明了阶级统治的国际性质"。但是，马克思又指出，梯也尔、俾斯麦等人联合起来杀害起义者，"并不是象俾斯麦所想的那样，证明正为自己开辟道路的新社会遭到了彻底失败，而是证明资产阶级旧社会已经完全腐朽了"。（四）马克思驳斥了各国反动派对第一国际的诬蔑。他指出，第一国际不是什么秘密阴谋团体，它"只是文明世界各国先进工人之间的国际纽带"。因此，"阶级斗争无论在何处、以何种形式、在任何条件下表现出来，自然总是由我们协会的会员站在最前列"。

最后，马克思高度赞扬了巴黎无产阶级的英勇斗争精神和巴黎公社革命的伟大意义。他指出："工人的巴黎及其公社将永远作为新社会的光辉先驱受人敬仰。它的英烈们已永远铭记在工人阶级的伟大心坎里。"巴黎公社是把人类从阶级社会中解放出来的社会主义革命的第一次伟大尝试。《法兰西内战》科学地总结了这一运动的经验教训，进一步阐明了无产阶级革命和无产阶级专政的一系列基本原理，丰富和发展了马克思主

义的国家与革命学说。列宁曾指出，《法兰西内战》是无产阶
级革命斗争的"最好的指南"。

——《马克思恩格斯全集》第 17 卷

人民出版社 1956 年～1985 年版，

第 331 页～385 页

《资本论》

　　全书约 160 万字。共分 4 卷，马克思著。第 1 卷、第 2
卷、第 3 卷分别于 1867 年、1885 年和 1894 年在汉堡出版了
德文第 1 版。马克思原计划把剩余价值理论作为《资本论》第
4 卷出版，但在马克思、恩格斯逝世后，由考茨基整理的原
稿，是作为独立著作《剩余价值理论》分 3 册于 1904 年、
1905 年和 1910 年出版的。

　　《资本论》是马克思毕生研究资本主义国家的经济状况和
经济史的不朽著作，揭示了资本主义生产方式产生、发展和必
然灭亡的规律。马克思从 19 世纪 40 年代就开始系统地研究政
治经济学，在 1847 年发表的《雇佣劳动与资本》一书中，已
对资本和劳动的关系做了科学说明。1857 年～1858 年写了作

为《资本论》草稿的政治经济学手稿，在 1859 年发表的《政治经济学批判》和《导言》中，提出了写作《资本论》的计划和分篇的设想，把《资本论》作为《政治经济学批判》的续篇。在《资本论》第 1 卷德文第 1 版的扉页上，副标题就是政治经济学批判。在 1861 年～1863 年写的手稿中，很多篇章论述剩余价值理论，即《资本论》第 4 卷，此外还分析了货币转化为资本、绝对剩余价值和相对剩余价值的生产，资本主义工业发展的三个阶段，特别是机器和大工业，以及《资本论》中的其他基本原理。1863 年～1866 年对手稿进行补充和修改，增添进某些新的论点和最新的统计材料和历史材料，最后完成了《资本论》第 1、2、3 卷的稿本。马克思在《资本论》第 1 卷出版以后，直到 1883 年逝世，继续对《资本论》各卷进行深入的加工，并准备再版第 1 卷的德文版和出版法文、俄文译本，《资本论》第 2、3 卷由恩格斯在马克思逝世后整理出版。因而《资本论》从酝酿写作到诞生，历时约 40 年。《资本论》凝聚了马克思毕生的心血，是革命实践和科学研究的光辉著作。《资本论》主要以英国（也包括法国和德国）社会经济的发展情况为背景。19 世纪 30 年代～40 年代，在英、法、德等国，资本主义生产方式已经确立，资本主义社会的基本矛盾已日益发展和激化，工人同资本家进行了政治经济等各种斗争，在斗争实践中，迫切需要指导运动的理论思想体系，以便认识资本主义制度的本质，明确推翻资本主义旧世界，建立社会主义、共产主义制度的方向。马克思参加了工人运动实践，并创立无产阶级的革命理论。《资本论》正是完成这一历史任务而建立的科学的理论思想体系。《资本论》所作的结论，日益成为工人运动的基本原则。工人阶级越来越把这些结论看成是对自己的状况和自己的期望所作的最真切的表述。

——《马克思恩格斯全集》第 23 卷～25 卷

人民出版社 1956 年～1985 年版

《巴枯宁〈国家制度和无政府状态〉一书摘要》

全文约 5.9 万字。马克思写于 1874 年～1875 年初。此摘要属于马克思的遗稿,首次发表于 1926 年《马克思主义年鉴》杂志第 2 期上。

当时情况是:尽管海牙代表大会从思想上和组织上粉碎了巴枯宁主义者,但斗争仍在继续。1873 年在日内瓦出版了巴枯宁的《国家制度和无政府状态》,此书被许多巴枯宁团体奉为经典。马克思在巴枯宁此书问世不久就通读并作了摘要,以揭露和批判巴枯宁的思想学说。马克思在摘要和转述巴枯宁著作的同时,针对巴枯宁的理论观点进行批驳,阐明自己的观点。

针对巴枯宁的说法,马克思指出巴枯宁没有提到叶卡特林娜在位时期结盟的事和从革命时期起包括路易·菲力浦时期在内的这段时间里俄国对法国的影响，更没提从彼得一世起在俄罗斯人帮助下建立普鲁士的事，也没提从 18 世纪以来俄国同英国一起为了奴役欧洲而策划的阴谋。针对巴枯宁对世界革命形势的分析与对德国、英国和俄国等的描述，马克思作了大量摘引并一针见血地指出：巴枯宁的革命"良方"是一个永远是历史地从"人民的本能深处"产生出来的"全民理想"加贫困和绝望。

马克思大量摘引了巴枯宁著作中泛斯拉夫主义的主张，并通过简短的评论来揭示其荒谬性。针对巴枯宁著作中对马克思主义的攻击，马克思予以批驳同时阐明了自己的理论。针对巴枯宁的诘难：如果无产阶级将来成为统治阶层，它将统治谁？即将来还有另一个无产阶级要服从这个新的统治、新的国家吗？马克思回答说：只要有其他阶级特别是资本家阶级还存在，只要无产阶级还在同它们进行斗争（因为在无产阶级掌握政权后无产阶级的敌人还没有消失，旧的社会组织还没有消失），无产阶级就必须采用暴力措施；如果无产阶级本身还是一个阶级，如果作为阶级斗争和阶级存在的基础的经济条件还未消失，那么就必须用暴力来消灭或改造这种经济条件，并且必须用暴力来加速这一改造的过程。

马克思反击了巴枯宁就农民问题对马克思主义的攻击：或

者农民会阻碍和断送一切工人革命，就像法国到现在所发生的那样，或者无产阶级以政府身份直接改善农民的状况，从而把他们吸引到革命方面来；一开始就应采取措施促进私有制向集体所有制过渡，让农民自己通过经济的道路来实现这种过渡；只有租佃资本家排挤了农民，而真正的农民变成了同城市工人一样的无产者、雇佣工人，因而直接与城市工人有了共同利益时，才能废除农民所有制。

马克思批判巴枯宁的社会革命理论，指出其社会革命的基础是意志而非经济条件。并进一步阐述，彻底的社会革命是同经济发展的一定历史条件联系着的，而这些条件是革命的前提；只有工业无产阶级随着资本主义生产的发展在人民群众中至少占重要地位的地方，社会革命才有可能；无产阶级要想有任何胜利的可能性，就应当能够直接为农民做很多事，至少要像法国资产阶级在自己革命时为法国农民做那样多的事；巴枯宁能想得出工人统治竟包括对农业劳动的奴役正反映了其内心深处的思想，说明其根本不懂什么是社会革命。针对巴枯宁的责问："上升为统治阶层"的无产阶级是什么意思。马克思回答说：这就是说，无产阶级不再在个别场合同经济特权阶级作斗争；它已获得足够的力量和组织性，能够在斗争中采取一般的强制手段以消灭它作为雇佣工人的阶级特性，从而随着它获得彻底胜利，它的统治与阶级特性就消失了。

针对巴枯宁的无政府主义理论及其对马克思主义国家理论的攻击，马克思予以批驳和反击。巴枯宁质问：是否整个无产阶级都会成为统治阶级。马克思反问说：难道工会中的执委会是由整个工会组成的吗？难道在工厂中一切分工和由分工产生的职能都将消失吗？巴枯宁攻击说："如果有国家，就会有被管理者和奴隶"；"马克思主义者及其民主学派的最新成就掩盖着少数管理者的专制，更危险的是，它好像是所谓人民意志的表现"，"因此结果是：少数特权者管理绝大多数的人民群众。但马克思主义者说，这个少数将是工人"，"他们从'国家'的高度来看一切普通的工人：他们将代表的，已经不是人民而是他们自己和他们想管理人民的'野心'。谁怀疑这一点，谁就完全不了解人的本性"。马克思反击道：巴枯宁的理论是一种政治空谈；选举是一种政治形式，即使在最小的俄国公社和劳动组合中也是这样；选举的性质并不取决于这些名称，而是取决于经济基础，取决于选民间的经济联系。当这些职能不再是政治职能的时候，（1）政府职能便不再存在；（2）一般职能的分配便具有了事务性质并且不会产生任何统治；（3）选举将完全丧失它目前的政治性质；在集体所有制下，所谓的人民意志就会消失而让位予合作社的真正意志；巴枯宁如果哪怕是对工人合作工厂的管理者的地位有所了解，他关于统治权的狂想就会彻底破灭。

马克思进而指出：工人反抗他们的旧世界各个阶层的阶级统治必须延续到阶级存在的经济基础被消灭的时候为止；因无产阶级在为摧毁旧社会的斗争时期还是在旧社会的基础上进行活动的，因此还使自己的运动采取多少同旧社会相适应的政治形式，所以在这一斗争时期，它还要使用一些在它获得解放以后将会失去意义的手段；而巴枯宁的结论是，无产阶级最好不采取任何措施，而只等待普遍清算的日子——末日审判的到来，其理论除空洞词句外没有任何社会革命的东西。

马克思在摘要过程中、批判巴枯宁理论的同时，也深刻批判了各种无政府主义学说，阐述和发展了科学社会主义的一些重要原理：关于国家、无产阶级专政和工农联盟等。马克思的这篇摘要以其独特的批判性和论战性在马克思晚年科学社会主义思想论述中占有重要地位。

——《马克思恩格斯全集》第 18 卷

人民出版社 1956 年～1985 年版，

第 655 页～708 页

《哥达纲领批判》

全文约 1.78 万字。这是继《共产党宣言》后又一部科学社会主义纲领性文件。

19 世纪 70 年代，普法战争后的德国，实现了自上而下的民族国家的统一，资本主义工业得到迅速发展，阶级矛盾日益尖锐。阶级斗争的发展和工人运动的不断高涨，迫切需要德国工人运动中曾经形成的两大相互对立的派别，即"拉萨尔派"和"爱森纳赫派"迅速联合起来，以结束工人队伍的长期分裂状态。1875 年初，两派为实现合并起草了一个充满拉萨尔主义的纲领草案，准备提交给 1875 年 5 月下旬在哥达举行的合并代表大会上讨论通过。马克思和恩格斯认为这是一个"极其糟糕的、会使党堕落的纲领"。为了彻底清算拉萨尔主义，教育德国无产阶级，帮助李卜克内西等德国党领导人摆脱拉萨尔主义的影响，走上科学社会主义道路，马克思在 1875 年 4 月～5 月写了这部著作，对纲领草案进行逐条批注，并于 1875 年 5 月 5 日随信寄给了爱森纳赫派领导人威·白拉克。原名为《德国工人党纲领批注》，后简称为《哥达纲领批判》。马克思和恩格斯当时出于策略上的考虑，并没有立即公开发表这部著作；1891 年，为了打击当时国际共产主义运动和德国社会民主党内日益滋长的机会主义思潮，促使德国党在即将召开的爱尔福特代表大会上制定一个马克思主义的新纲领，恩格斯克服了来自党内领导人方面的反对，首次公开发表，刊登在德国社会民主党的理论性机关刊物《新时代》杂志 1890 年～1891 年第 1 卷第 18 期上；同时还发表了与此直接有关的马克思于 1875 年 5 月 5 日给威·白拉克的信以及恩格斯的序言。

马克思在这篇著作中批判了纲领草案中所谓的"劳动是一切财富和一切文化的源泉"、"公平的"分配和"不折不扣的劳动所得"等错误观点。指出，劳动不是一切财富的源泉，人的劳动只有作为社会的劳动，只有同自然界的物质条件结合起来才能创造使用价值；问题的关键在于劳动者同生产资料是什么关系，不占有生产资料的劳动者所创造的物质财富，只能属于生产资料的占有者；并且，只有得到这些占有者的允许才能劳动和生存；纲领草案的要害就在于回避自然界和生产资料所有制，不谈消灭私有制，而空谈劳动，并把它作为第一个口号写在党的旗帜上，这是根本错误的。社会主义社会的集体劳动所得就是社会总产品，不应当也不可能不折不扣地分配给个人用于消费，而应当从中扣除生产方面的耗费和扩大再生产的需要，还要扣除一般的管理费用，以及教育、卫生、为丧失劳动能力者所设基金等方面的需要，然后以劳动为尺度在劳动者之间进行分配。在此基础上，马克思还第一次提出了共产主义社会两个发展阶段——共产主义第一阶段和高级阶段的学说。指出，共产主义第一阶段，是刚刚从资本主义社会中产生出来的，它在经济、道德和精神方面都还带有它脱胎出来的那个旧社会的痕迹；在这个阶段，生活资料还只能按个人提供的劳动量（扣除他为公共基金而进行的劳动）进行分配，因为权利永远不能超出社会的经济结构以及由经济结构所制约的社会的文化发展。只有在共产主义高级阶段上，在迫使人们奴隶般地服从分工的情形已经消失，脑力劳动和体力劳动的对立也随之消失，劳动已不仅仅是谋生的手段，而且本身已成为生活的第一需要，随着个人的全面发展，生产力的巨大增长，物质财富的一切源泉都充分涌流之后，社会才能实行"各尽所能，按需分配"的原则。马克思在书中指出，拉萨尔所谓的对无产阶级来说其他一切阶级只是反动的一帮，是对《共产党宣言》粗暴的歪曲。纲领草案重复拉萨尔的这一观点，就是不承认工农联盟

158

是革命的基本力量。

　　马克思还指出，拉萨尔以最狭隘的民族观点来对待工人运动，而纲领草案追随拉萨尔，用"各民族的国际的兄弟联合"这一资产阶级口号代替无产阶级国际团结的口号，是对无产阶级国际主义原则的放弃。马克思在书中分析批判了拉萨尔"铁的工资规律"的观点。他指出，"铁的工资规律"是为资本主义制度作辩护的马尔萨斯人口论的翻版。马克思认为，工资不是它表面上呈现的那种东西，不是劳动的价值或价格，而只是劳动力的价值或价格的掩蔽形式；雇佣工人所创造的剩余价值被资本家无偿占有，而资本家用延长劳动或用提高生产率，使劳动力更加紧张等办法来增加工人的无偿劳动；雇佣劳动制度是随着社会劳动生产力发展而愈加残酷的奴隶制度；因此，纲领草案在这个问题上的退步是令人不能容忍和缺乏责任感的。马克思在书中批判了主张依靠"国家帮助建立生产合作社"来实现社会主义的机会主义路线，认为，工人们想通过合作社变革现在的生产条件，但这同靠国家帮助毫无共同之处；现存的合作社是既不受政府保护，也不受资产者保护的消费性合作社，是由工人自己独立创设的；调节总劳动的社会主义组织，不是从现存的阶级斗争、不是从社会革命的转变过程中由工人自己建立起来的，而是在当时普鲁士地主资产阶级的国家帮助中产生出来的，这真不愧为拉萨尔的幻想。马克思指出，纲领草案主要的过失不在于把拉萨尔的万灵药方写入纲领，而在于从阶级运动的立场完全退到宗派运动的立场。马克思还批判了纲领草案在国家问题上的机会主义观点，即"国家的自由基础"、"国家的精神和道德的基础"。他指出，纲领草案不谈无产阶级的革命专政和未来共产主义社会的国家制度，却把力求争取"自由国家"作为德国工人党的奋斗目标，并且抽掉国家的阶级本质，而把国家当做离开现存社会基础，具有自己的"精神的、道德的、自由的基础"的独立本质，表明了它对社会主义思想领会的浮浅和背离。马克思认为，无产阶级的自由，在于把国家由一个站在社会之上的机关变成完全服从这个社会的机关，即推翻现存的资产阶级国家，建立无产阶级专政的国家，而不是所谓的"自由国家"；现代国家，不管他们的形式如何纷繁，却有一个共同点：它们都建筑在资本主义多少已经发展了的现代资产阶级社会的基础上。在此基础上，马克思明确提出了过渡时期的理论和无产阶级专政的理论：在资本主义社会和共产主义社会之间，有一个从前者变为后者的革命转变时期，同这个时期相适应的也有一个政治上的过渡时期，这个时期的国家只能是无产阶级的革命专政。列宁认为，马克思的这一论断，是对他的全部革命学说的总结。

马克思在与本文同时寄出的给威·白拉克的信中指出，一步实际运动要比一打纲领更为重要。但是，制定一个原则性纲领，就是在全世界面前树立起一些可供人们用以判定党的运动水平的界碑，因此，马克思认为，我的义务也不容许我即使只用外交式的沉默方法来承认一个我认为应当抛弃并且会使党瓦解的纲领。马克思还表明，他和恩格斯与这个纲领草案毫无共同之点。

——《马克思恩格斯全集》第 19 卷

人民出版社 1956 年～1985 年版，

第 11 页～35 页

《马·柯瓦列夫斯基〈公社土地占有制，其解体的原因、进程和结果〉一书摘要》

　　全文约 8400 字。马克思写于 1879 年 10 月和 1880 年 10 月之间。原文是德文、英文和西班牙文，节录的手稿俄文译本第一次发表于《苏联东方学》1958 年第 3、4、5 期；《东方学问题》1959 年第 1 期；《亚非人民》1962 年第 2 期。摘要的手稿第一次全文发表在《马克思恩格斯全集》第 45 卷；摘要的原文版本 1977 年由国际社会史研究所（阿姆斯特丹）出版，书名为《卡尔·马克思论前资本主义生产诸形式》，康普斯出版社，法兰克福——纽约 1977 年版。

　　马克西姆·马克西莫维奇·柯瓦列夫斯基（1851—1916）是俄国的社会学家和历史学家。他虽从 1876 年起就与马克思保持着学术上的友好联系，自称受到马克思的影响，但其观点实际上是资产阶级实证主义的。柯瓦列夫斯基一书的摘要，是研究马克思晚年创作思想发展的最重要文献之一。

从 19 世纪 70 年代中期起，马克思加紧研究前资本主义的各社会形态，并且十分注意研究各不同社会中的公社形式。由于当时在俄国革命者中进行着关于公社在俄国社会改造中的作用和俄国的非资本主义发展道路可能性的争论，在马克思的研究工作中，俄国公社尤其占有特殊的地位。1876 年，他把格·路·毛勒关于日耳曼公社史的著作作了详细的摘要，还阅读了其他作者关于公社制度在塞尔维亚、西班牙和其他国家演变情况的著作。柯瓦列夫斯基的著作出版时（1879 年），正值马克思为写作《资本论》第 3 卷的地租部分而广泛地阅读和研究有关俄国和美国的材料。由于它取材广泛，深入比较了公社在不同国家中的历史命运，用新的事实证明了马克思关于原始社会的实质的结论，因而受到马克思的注意。

马克思详细地阅读了柯瓦列夫斯基这本书并作了摘要。马克思所作的这些摘要，其结构与原书完全一致，但作了更加细致的划分，还使用了其他作者的材料，以便把不同的观点及其事实根据加以对照。摘要包括了三个部分的内容。第一部分涉及柯瓦列夫斯基原书第一、第二章关于美洲的印第安人和西班牙人在西印度群岛的土地政策；第二部分涉及该书第三至第七章有关印度的土地占有制；第三部分则涉及该书最后两章即关于阿尔及利亚的土地占有制和法国殖民者的土地政策。马克思在作摘要时，不仅翻译、摘录了柯瓦列夫斯基原著的要点和有价值的具体材料，而且作了许多重要的评注，在不少问题上提出了十分重要的见解，马克思丰富和发展了他自己的关于前资本主义生产方式的理论。摘要考察了印度、阿尔及利亚等地在欧洲殖民主义者统治之前的土地关系，肯定了农村公社是土地的主人，同时否定国君是土地的唯一所有者。马克思指出，殖民当局对当地土地所有制的性质的歪曲，其目的无非是以资产阶级的经济学说为依据、打着"经济进步"的幌子强制瓦解公社土地所有制并人为地扶植大土地私有制。他们的这些做法，不会给殖民地社会带来任何社会进步，而只能使它陷入苦难的深渊。不仅如此，马克思还指出了柯瓦列夫斯基某些观点和结论的错误。他反对柯瓦列夫斯基把亚洲、非洲和美洲各古老民族的社会历史发展同西欧作机械类比的做法，在作摘要时常常将它们删除或予以修改，并对德里苏丹统治时期和莫卧儿帝国统治时期的印度土地关系变化的性质作了大段的评注。马克思不同意把印度在上述时期中发生的土地关系上的变化看作是"封建化"的观点。指出："别的不说，柯瓦列夫斯基忘记了农奴制，这种制度并不存在于印度，而且它是一个基本因素"；土地并不像西欧中世纪那样具有贵族性质，"土地在印度的任何地方都不是贵族性的，就是说，土地并非不得出让给农民"；

164

也不存在地主的世袭司法权，"在大莫卧儿帝国特别是在民法方面没有世袭司法权"，等等。马克思还指出，印度君主专制制度规定统治者的权力不得在诸子中分配，这就阻碍了印度社会向西欧那样的封建主义演变，并且使农村公社的社会职能逐渐转变为国家的职能。

所有这些论点，不仅表明了马克思晚年在运用历史唯物主义原理研究各国前资本主义社会经济形态及其发展规律方面对农村公社问题的观点的新发展（这些观点在他 1881 年给维·伊·查苏利奇的复信中又作了类似的阐述），而且在历史研究方面同样具有十分重要的方法论意义。

——《马克思恩格斯全集》第 45 卷

人民出版社 1956 年～1985 年版，

第 207 页～327 页

《路易斯·亨·摩尔根〈古代社会〉一书摘要》

　　全文约 1.7 万字。马克思写于 1880 年底至 1881 年 3 月初。原文是英文、德文、古希腊文和拉丁文，第一次用俄文发表于《马克思恩格斯文库》1946 年版第Ⅸ卷。

　　摩尔根是 19 世纪中期美国的一位民族学家和原始社会历史学家。早年深入印第安人易洛魁人社会，1843 年组织"大易洛魁社"，积极维护印第安人民族利益，曾被易洛魁部落收养入族。在对印第安人和世界各民族亲族制度研究的基础上，他对原始社会历史的一些问题作了广泛而深入的考察。著有《易洛魁联盟》、《人类家庭的血亲和姻亲制度》、《美洲土著的房屋和家庭生活》等。他于 1877 年写成的巨著《古代社会》，则是其代表作。

摩尔根根据他在印第安人中所搜集的材料，从物质关系中去说明氏族制度。他分析了氏族制度的本质，认为氏族是原始公社制度的基本单位，证明人类社会一般地是从母系氏族演进到父系氏族，从母权制演进到父权制，从而发现了无产阶级的原始社会的社会结构。摩尔根还进一步认定家庭是一个历史范畴，阐明婚姻和家庭的顺序演进形式为：血缘家庭、普那鲁亚家庭（即群婚家庭）、对偶家庭、父权制家庭及一夫一妻制家庭，从而粗略地描绘出了一幅婚姻、家庭的发展史图，表明了婚姻形式和家庭形式在原始社会中的作用，说明了私有制的产生导致专偶制家庭的产生和阶级社会的建立。这一划时代的重大发现，证实了马克思的原始社会观点和唯物史观。摩尔根还把人类历史划分为蒙昧、野蛮和文明三个时代。恩格斯在《家庭、私有制和国家的起源》一书1884年第一版序言中说："摩尔根在美洲，根据他自己的研究，重新发现了马克思在四十年以前所发现的唯物史观，并且以此为指导，把野蛮和文明加以比较，在一些主要点上，达到了和马克思相同的结果。"恩格斯指出，摩尔根的主要功绩，就在于他发现了氏族的本质，把原始共产主义社会的内部组织的典型形式揭示出来了。他的母系氏族的发现，"对于原始历史的意义，也和达尔文的进化论对生物学和马克思的剩余价值学说对政治经济学的意义相同"。氏族制度的发现，为理解人类上古史提供了钥匙，提供了根据

167

具体历史材料阐明地区共同体和国家产生的途径的可能性，在"原始历史的研究上开辟了一个新的时期"。

　　然而，摩尔根的《古代社会》一书出版后，资产阶级史学家都对它抱着沙文主义的情绪，缄默不语。在英国，"有系统地排挤该书"；"在美国，它没有应有的销路"。马克思和恩格斯十分重视摩尔根的研究成果。马克思从马·柯瓦列夫斯基那里发现了摩尔根的《古代社会》，便"很喜欢这本书"。他倾力研究和阅读了该书，作了"十分详细的摘录"。马克思不仅剔除了书中错误观点和不正确的说法，而且改造了原书的结构。例如，摩尔根原书的结构，是从生产技术的发展、政治观念的变化到家庭形式的演进和私有制的产生；而在马克思的摘要中，这一结构已被改造为从生产技术的发展和家庭形式的变化到私有制和国家的产生。这样，马克思就纠正了摩尔根唯物主义观点的不彻底性，体现了历史唯物主义关于原始社会建立在两种生产即物质资料的生产和人本身的生产的基础之上，私有制导致了民族制度的灭亡及阶级和国家的产生。这样，马克思的这篇摘要不仅去粗取精，集中了原著的精华，而且使摩尔根的体系得到了科学的整理。马克思在这篇摘要中不仅摘录了原著的材料和论点，而且还写下了很多评注，除对原著中的问题作了进一步的说明外，还纠正、发挥和补充了他的某些论点。例如，摩尔根把取火看作人类早期的次要发明，马克思则纠正了这一观点，指出"一切与取火有关的东西都是主要的发明"；摩尔根认为人类已达到"绝对控制"食物的生产，马克思则对此予以否定；摩尔根阐述了亲属制度、亲属称谓落后于亲属关系的原理，马克思则作了更为深刻的理论概括，指出："同样，政治的、宗教的、法律的以至一般哲学的体系，都是如此"。马克思还深刻地剖析了专偶制家庭的起源和性质，阐明了从母系氏族发展到父系氏族的原因和意义，并补充了其他民族中存在的父权制大家庭的例证。

此外，马克思还阅读了亨·梅因、鲁·佐勒、泰勒等人的有关原始文化史的著作，并作了摘要和评注，以补充摩尔根对希腊罗马社会的分析，阐明希腊罗马社会中私有制的产生、氏族的瓦解和阶级国家的形成，批判资产阶级古史学家格罗特等人对历史的歪曲。马克思的这篇摘要是按照他打算要写的著作计划来作的。在摘要的最后一部分，即论述希腊罗马史的那一部分中，马克思经常直接使用古代作家的著作，并且总是大段摘录原文。据恩格斯说，马克思作这篇摘要，为的是写一部关于原始社会的著作，"打算联系他的……唯物主义的历史研究所得出的结论来阐述摩尔根的研究成果"。但是马克思没有来得及写出系统的著作就于1883年3月14日逝世了。恩格斯利用了摩尔根的研究成果，充分吸取了马克思在这篇摘要中所表达的思想，于1884年写成了著名的《家庭、私有制和国家的起源》一书，用唯物史观系统地阐述了原始社会发展的历史，科学地证明了人类走向未来共产主义社会的历史必然性。

马克思的这篇摘要，反映了马克思论证唯物史观的工作的一个重要阶段，其十分丰富的内容，对于研究人类早期社会发展历史具有极为重要的理论意义。

——《马克思恩格斯全集》第 45 卷

人民出版社 1956 年～1985 年版，

第 328 页～571 页